KIWAMI

超一流の世界へようこそ!
18組の対論

東京書籍

はじめに

ひと言で異色対談の魅力を表現するなら「化学反応」だろう。異なる化学物質が混じり合うと、思わぬ反応が生じることがある。各界の第一人者がジャンルの垣根を越えて語り合っても、同じように驚きの連続だった。予想外の展開となったり、こちらの期待以上に盛り上がったりした。

サンケイスポーツの大型企画「極（KIWAMI）対談」は、2016年12月6日付から翌17年1月28日付まで掲載された。読者の反響は大きく、回を追うごとに「たった1日の紙面で終わらせてしまうのは、もったいない」と感じるようになった。最初で最後になるかもしれないほど貴重な対談なのだ。「金言」とたとえられる言葉も多い。少し大げさに言えば、「これを後世に残さなければ文化的な損失だ」とさえ思うようになった。

目指したのは「極対談完全版」だ。各対談を担当した記者に加筆・修正を依頼。紙面の都合で泣く泣く削除したり、デスクに削られたりしたコメントをできる限り戻してもらった。写真部にも声をかけ、掲載できなかったカットも載せるようにした。

振り返ってみると、この対談企画で最も大変だったのはスケジュールの調整だった。ただでさえ多忙な２人である。２カ月先までの予定を出してもらっても、会えそうなのは１日だけというケースもあった。たとえ約束ができても、その日に急用が入ればキャンセルになってしまう。対談場所に２人が現れるまで、記者もカメラマンも息を抜けなかった。

対談が始まってしまえば、進行役は不要。まさに一流は一流を知っており、たちまち会話が噛み合った。分野が異なっていても、共感できる部分が多いのだろう。どちらか一方だけがしゃべり続けることもなかった。一流の人物は実績をひけらかすことなく、聞く耳を持っている。常に何かのヒントを求めるどん欲な姿勢を貫いていることも、この対談を通じて再認識した。

書籍化に際しては、うれしいニュースもあった。ロックバンド「Ｘ　ＪＡＰＡＮ」のリーダー、ＹＯＳＨＩＫＩさんと、小泉純一郎元首相の対談が実現したのだ。

ＹＯＳＨＩＫＩさんはずっと対談に前向きだったが、連載終了までどうしても日程が合わなかった。特別編として再び打診したところ、快諾をいただいた。偶然にも２人が同じイベントに出席していなければ、まとまらなかっただろう。

対談中、同席した私が質問したのは1度だけ。著書を出すほど音楽に関する造詣が深い小泉元首相の評判に偽りはなかった。持論を披露したり、提案をしたりしながら、YOSHIKIさんに次々と質問。ほかの音楽対談とはひと味もふた味も違う内容になった。

その対談の一部を2017年4月25日付のサンケイスポーツに掲載。この本には、ほぼ全文を収めた。2人とも、従来のイメージとは違う一面が表れていると自負している。

このYOSHIKIさんと小泉元首相に限らず、フィールドがまったく違う2人でも、対談によって思わぬ化学反応が起きて面白くなった。その対談をまとめて一冊の本にしたら、どんな変化が起きるのか。読者の皆さんの反応も楽しみだ。

サンケイスポーツ一般スポーツ担当部長

田代学

CONTENTS

CHAPTER 3: PERSPECTIVE｜勝負の遠近法

SPECIAL 2

CHAPTER 4: GENERATION｜受け継がれる遺伝子

紙面掲載日一覧（全てサンケイスポーツ）

小泉純一郎×YOSHIKI　2017年4月25日
仲代達矢×高橋由伸　2017年1月26日、27日
さだまさし×石川雅規　2016年12月13日、14日
小柳ルミ子×槙野智章　2016年12月22日、23日
羽鳥慎一×長嶋一茂　2016年12月16日
山本昌×武豊　2016年12月28日
川淵三郎×倉本昌弘　2017年1月12日、13日
池江泰郎×栗山英樹　2017年1月6日
栄和人×佐々木則夫　2016年12月27日
岩出雅之×古田敦也　2017年1月19日
大林素子×藤田菜七子　2017年1月18日
羽川豊×野村弘樹　2016年12月20日
木村庄之助×井野修　2016年12月15日
笠原将弘×デーブ大久保　2016年12月21日
江本孟紀×せんだみつお　2017年1月10日
折茂武彦×大野均　2017年1月11日
白井健三×勝みなみ　2016年12月29日、30日
星奈津美×川上麻衣子　2017年1月17日

――前編――

孤高のカリスマ、奇跡のケミストリー

極めた者だけがたどり着く世界がある

ジャンルの垣根を越えてスター同士が語り合う「極対談」。
その火ぶたが切って落とされた。巻頭を飾るのは、強烈なカリスマ性と
リーダーシップを発揮する2人による“孤高のカリスマ対談”だ。
政界を引退しても高い支持率を維持し続ける小泉純一郎元首相と日本を代表する、
そして今や世界のロックシーンをリードするバンド、X JAPANのリーダー、YOSHIKI。
造詣が深い音楽論で盛り上がり、小泉は世界を転戦するYOSHIKIに
健康3原則を伝授。創作ミュージカルの仰天構想も飛び出した。

取材・構成＝納村悦子　写真＝加藤圭祐

（以下のページに掲載の写真は、ジャパンミュージックエージェンシー提供：15、17、20-21、219ページ）

YOSHIKI

X JAPAN

Kiwami of the World

小泉純一郎

元首相

1997年、X JAPANの衝撃、そして、2017年、映画『WE ARE X』の驚嘆

小泉　これ、本物のピアノなの？
YOSHIKI　本物ですよ。偽物じゃないですよ。本物です。
小泉　使ってるんだ。
YOSHIKI　コンサートで使っています。
小泉　持ってくるのが大変だっただろう。大体ピアノっていうのは黒でしょう。
YOSHIKI　黒が多いですよね。
小泉　（X JAPANの曲は）CDでよく聴いている。曲だけの（インストルメンタル）と歌が入ったのと両方ね。まさかこういう対談があると思わないから。（4月）3日ね。映画『WE ARE X』（※1）を観に行ってさ。ああいう状況だったのかって初めて知ったことが多かった。10歳のときかな？　お父さんが亡くなられてね。HIDEが（自身と同郷で）横須賀なんだよ。
YOSHIKI　そうですよね。前に（横須賀で）お会いしましたよね。
小泉　それからTAIJIも亡くなって。Toshlとも、ちょっとおかしな関係になっちゃってね。洗脳されたと（映画で）言ってたもんね。
YOSHIKI　ビックリしましたね。
小泉　X JAPANときっかけができたのが、（1997年の）NHK紅白歌合戦の『Forever Love』。

あれまで全く知らなかった。子供たちと家族で紅白のテレビをかけた状況でトランプで遊んでたんだ。それで『Forever Love』が流れてきたら、「あっ、この歌いいな」って。ちょっと止めて歌を聴こうってなったんだ。

YOSHIKI　それから自民党のCMにも使っていただいて、『Tears』も好きになってくださった。

小泉　そうそう。私はいろいろ好きだよ。車に乗るといつもNHK‐FMをかけて、その中でいいなと思うのをCDで聴く。最近は寝るときに自分の知らない曲を聴いている。そうするとだんだん曲の良さが分かってくるんだ。X JAPANはバラードが好きでね。最初に好きになったのは『Forever Love』。その次に好きになったのが『Tears』なんだ。『Say Anything』も好きなんだけどね。

YOSHIKI　『Say Anything』もご存じなんですか！　よくご存じですね。

小泉　たまにね。若い人とカラオケに行くと、「小泉さん、X JAPANが好きだから何か歌って」って言われたときにね。『Forever Love』か『Tears』を歌うんだ。英語が入っていて歌うのが難しいんだよね。

YOSHIKI　そうですか？　英語はご堪能じゃないですか。カラオケでX JAPANの曲を歌われるときはキーを変えられるんですか？

小泉　今はカラオケに行くと音程が変えられるんだよ。ちょっと低くして歌っているんだ。

YOSHIKI　前に（2002年の）フィルムコンサートにも来ていただきましたよね？

小泉　そうそう。あれも良かったな。こないだは『WE ARE X』を見てね。たまたま新聞広告で見つけて六本木の映画館に見に行ったんだけど、上映場所が分かりにくくてね。あそこまでたどり着くのが大変だったよ。ロマンチックなメロディーだけれども何か悲しい音楽が多いよね。映画を見て思った。やっぱり随分辛い思いをしてきたんだな。肉親との別れ、友達との別れね。分かるような気がしたよ。それで子供の頃からクラシックピアノを習っていたね。それが作曲にしても何にしても今生きているんだよ。

クラシックとロックのアマルガム

YOSHIKI　そうですね。クラシックをやっていたのは良かったと思います。2017年1月に（米ニューヨークにあるクラシックの殿堂の）カーネギー・ホールで2日間、やらせていただきまして、3月は（X JAPANとして、英音楽の聖地とされる）ロンドンのウェンブリー・アリーナでやったんです。クラシックとロックをやっているのが僕の強みだと思っていますので、これからも積極的に両方で行こうと思っています。

小泉　なかなか両方をやる人はいない。カーネギー・ホールなんてクラシック音楽家の憧れの舞台だよ。すごいよね。

2002年に、X JAPANのフィルムコンサートを鑑賞した小泉首相（当時）とYOSHIKI。

上／東京フィルハーモニー交響楽団とのタッグで、耳の肥えたニューヨーカーを魅了したYOSHIKI。
下／念願だったカーネギー・ホールでの2夜連続公演では万雷の拍手を浴びた。

YOSHIKI　すごく緊張しました。

小泉　昔、『カーネギー・ホール』っていう映画があったんだよ。それに有名な世界的な音楽家が出ている。そこでやったんだね。

YOSHIKI　そうなんです。それで自分の曲だけだと評価の対象にはならないと思ったので、(ドイツの作曲家の)ベートーベンの『月光』とか(ロシアの作曲家の)チャイコフスキーの楽曲もやったんです。

小泉　そういえばさ。何ていう曲か忘れたけれど、ベートーベンの『月光』のメロディーか、(ロシアの作曲家でピアニストの)ラフマニノフのコンチェルトを使ったメロディー。最初の出だしのところ。作ったでしょう。

YOSHIKI　作ってます。ベートーベンの曲は昔あった『ALIVE』っていう曲なんですけど、すごい！　そんなにご存じなんですか？

小泉　最初さ。ラフマニノフのコンチェルトのメロディーと両方使っているよね。ドンドンドンってところがそうだよね。ダダダダダンってところから『月光』になる。あれはいい曲だよ。

YOSHIKI　(ピアノを弾きながら)あります。両方使っています。すごいですね。

小泉　ああ、そうだ。これはクラシックを使っているなって思ってさ。

YOSHIKI　さすがですね。すごくよく覚えてらっしゃいますね。

小泉　もともと私はクラシックが好きだから。

YOSHIKI　結構X JAPANの曲は(クラシックの要素を)要所に使っています。わざと出

上／ウェンブリー・アリーナ公演を成功させ、笑顔でXポーズをキメるX JAPANの左からSUGIZO、Toshl、YOSHIKI、PATA、HEATH。
下／激しいドラミングに加え、繊細なピアノ演奏でも観客を感激させたYOSHIKI。

す場合もあります。ラフマニノフは大好きですね。
小泉　ピアニストと作曲家。天才だよね。
YOSHIKI　難しくて手がものすごく大変ですね。次のカーネギー・ホールでやるときはピアノコンチェルトをやりたいと思っています。

ステージは戦場

小泉　あれだけの音楽と体力ね。もう倒れて（ライブを）やっているんですよ。体力、健康法、どうやってるんだ？　あの肉体ね。もう倒れちゃう。ドラムもすごい。健康を維持するのは大変だよね。
YOSHIKI　もう気合のみというか、もちろん普段はなるべく野菜とかタンパク質とか健康的なものを食べて体脂肪率を減らすというのはやっていますね。
小泉　トレーナーを付けたりしてジムに通ったりしているんだよね。
YOSHIKI　はい。ただ、ステージは戦場のような場所なので、毎回ここで死んでやるという気持ちでやっていますね。逆にそこまでやらないと終わった後にやった感じがしないんです。
小泉　倒れて担架で担ぎ出されたりもした。
YOSHIKI　何度もあります。頭が真っ白になっちゃいますね。
小泉　相当ね。体力をつけていないと、あれだけのドラムは打てないなあ。
YOSHIKI　普段から鍛えていますね。

小泉　最近は日本生活とアメリカ生活のどっちが多いの？

YOSHIKI　今まではアメリカが8対2くらいだったんですけど、最近はいろんな国に行くようになったので、アメリカに5割、後の5割にいろんな国っていう。ヨーロッパとかアジア、香港にもよく行きます。

小泉　世界を回っていてさ。最近は世界各国で日本食が食べられるようになったよね。

YOSHIKI　そうですよね。僕はもともと日本食が大好きなんですね。国によっては面白いアレンジをするじゃないですか。それも結構好きになってきました。昔でいうとカリフォルニアロールみたいな日本にないものですね。

小泉　おすしでマヨネーズとか使って食べている人もいるもんね。

YOSHIKI　総理時代にいろいろ海外を回られたときは日本食が多かったんですか？　やはり、その国の？

小泉　うん。その国の。まずいっていうのはないんだけどね。そんなうまくないなっていうのは結構あるよ。やっぱり日本の和食だけじゃなくてね。洋食でも中華でも何でも全世界のその国の料理。東京はうまいものがたくさんあるよね。

YOSHIKI　そうですよね。おっしゃると

試練に挑むYOSHIKI

YOSHIKIは2017年4月の対談後、頚椎椎間孔狭窄症と診断され、米国時間5月16日にロサンゼルスの病院で頚椎人工椎間板置換の手術を受けた。
数時間に及ぶ難手術だったが、全身麻酔から覚めると、曲のレコーディングがしたいと医師に直談判。即退院して30分ほどスタジオで作業する“鉄人ぶり”を発揮した。
手術を受けて世界中のファンから数多くのメッセージが届き、YOSHIKIは「励みになりました」と感謝。傷口は6週間で部分的な治癒、6カ月後には90%の回復が期待される見込みだが、7月11日に開幕するX JAPANのワールドツアーは予定通り開催すると発表し、「またはい上がる。また明日が来るように頑張るしかない」と鼓舞した。

おりですよね。

小泉　東京は大都市っていうか食の面では世界の食事を楽しめるよね。

YOSHIKI　この前、ご一緒したところもおいしかったですよね。

小泉　うん。和食ね。あれは居酒屋だからね。

YOSHIKI　あれ居酒屋なんですか？

小泉　うん。あれ居酒屋だよ。家庭料理が中心なんだよね。

YOSHIKI　そうなんですか。だから何でもあったんですね。

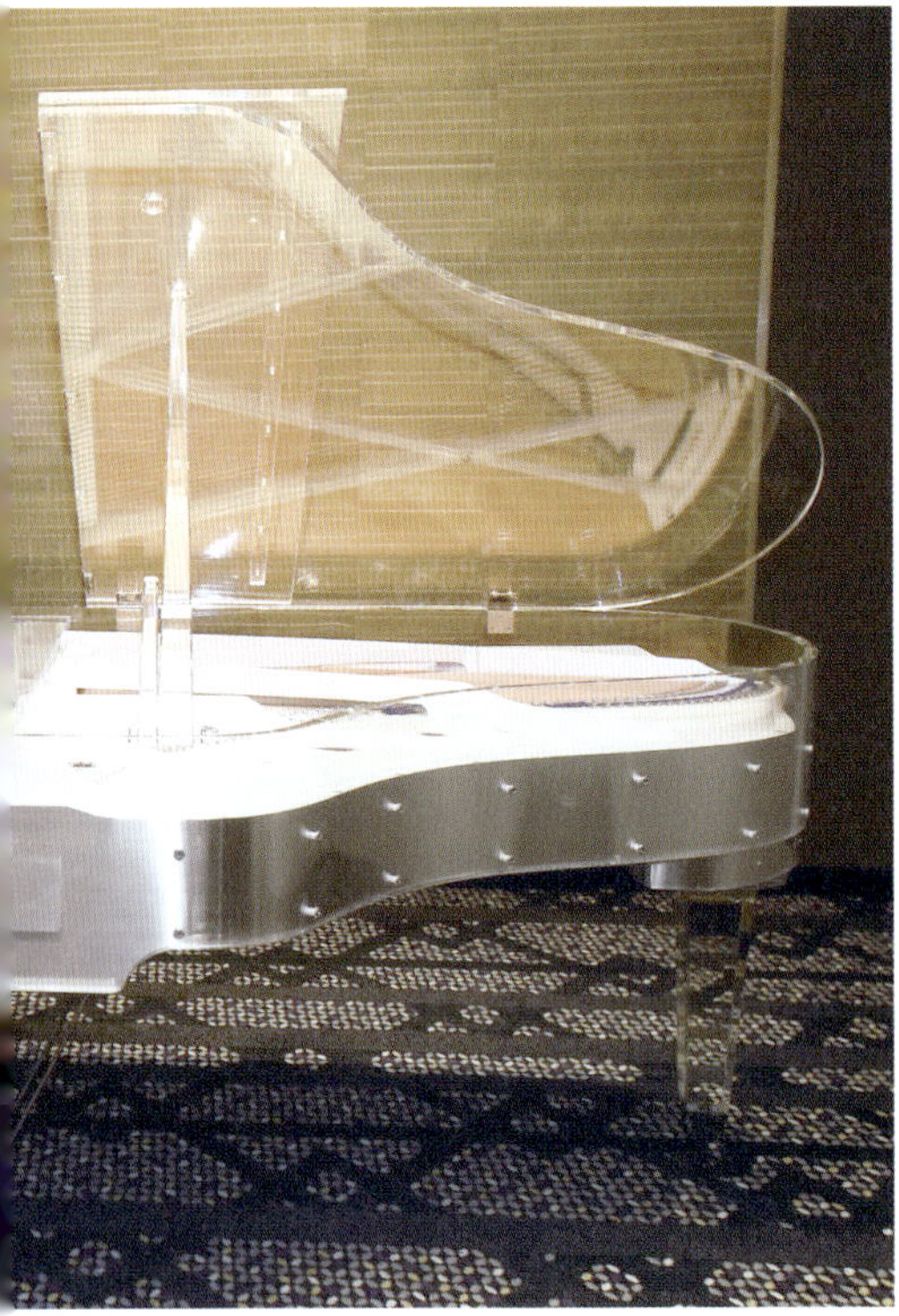

YOSHIKIのピアノ練習法

小泉　これからどういう活動をしていく？

YOSHIKI　今年はX JAPANのアルバムが21年ぶりに出る予定なんですね。小泉さんに（紅白で）見ていただいた解散したときから出

こいずみ・じゅんいちろう　1942（昭和17）年1月8日生まれ。神奈川県出身。慶大経済学部卒。72年に衆院議員に初当選して以降、12期連続当選。郵政相、厚生相などを歴任。2001年4月、自民党総裁に選出され、第87代内閣総理大臣に就任。02年、日本の首相として初めて北朝鮮を訪問。05年には郵政民営化法案の是非を問うため衆院を解散した「郵政選挙」で大勝した。06年9月に退任。長男は俳優の小泉孝太郎、次男は自民党の小泉進次郎衆院議員。

よしき　1989年、ロックバンド、X JAPANのドラマー&ピアニストとしてデビュー。99年、天皇陛下御即位十年記念式典の奉祝曲、2005年に愛知万博の公式イメージソング、12年に米ゴールデン・グローブ賞のテーマ曲を作曲するなどグローバルに活動。97年に解散したバンドは07年に再結成。14年に米マディソン・スクエア・ガーデン、17年3月に英ウェンブリー・アリーナ公演を成功させ、同1月の米カーネギー・ホールでのソロ公演と合わせてアジア人として初めて世界3大音楽の殿堂を制覇した。

してなかったので、アルバムを出して初めての「名刺」を持って世界を回りたいと思っています。

小泉　カーネギー・ホールでやったコンサートのDVDやCDも出せばいいと思うんだけれど。

YOSHIKI　収録はしています。また、カーネギー・ホールでもやりたいです。僕ら（X JAPAN）は東京ドームで18回、コンサートをやっているんですね。カーネギー・ホールでやりましたと言っても、まだ1回やっただけなので、やはり点を線にしていかなければ意味がないと思うんです。定期的にやっていければいいなって思っています。

小泉　練習が大変だよね。（米ロック音楽の聖地の）マディソン・スクエア・ガーデンでもね。本番さながらに練習をやるのって大変だよね。

YOSHIKI　ＸＪＡＰＡＮの場合、コンサートの当日にコンサートの時間以上の練習をやりますね。もちろん、その数日前もやりますけど、毎回、２ステージをこなしているようなものですね。カーネギー・ホールでは本番の直前まで楽屋でずっとピアノを弾いていて、温まってステージに出ていくというような感じでした。

小泉　普段のピアノの練習は大変でしょう。

YOSHIKI　ピアノの場合は指の独立をさせる。やっぱり小指が弱いので、小指だけこうやって動かす（素振りを見せながら）。やっぱり和音を弾いたときに一番上の音（高音）が出ると響きってきれいに響くんですね。当然、人間は親指の方が強いんですけど、親指を軽く小指に重心をかけるようにという練習をすごくします。

小泉　なるほど。小指が一番弱いからね。

YOSHIKI　低音が強く鳴ってしまうと逆に変な感じになってしまう。ピアノを弾くときは大体こっち（右側）が高音なので、人間の体に逆らった形の力の入れ方をしないといけない。その練習をすごくします。

リクリエーションの秘密

小泉 （ハンガリーの作曲家でピアニストの）リストの曲とか難しいっていうよね。
YOSHIKI リストはピアニストとしても最高峰。難しいっていうものじゃないですね。
小泉 超絶技巧というか。
YOSHIKI リストは本当にドラムをやっている時間も費やさないと弾けないと思います。
小泉 リストの『ラ・カンパネラ』って聴いたことがある。練習したことある？
YOSHIKI トライしようと思ったことはありますけど、難しいですね。いやになっちゃいますね。
小泉 ラフマニノフも難しいと思うよ。
YOSHIKI ラフマニノフは頑張ればできるかもしれないです。
小泉 リストの方が難しいんだね。
YOSHIKI 難しいですね。信じられないかもしれないですけど、彼が生み出した練習法っていうのがありまして、よく練習していますね。
小泉 自分で練習しているんだ。
YOSHIKI 自分でもやりますし、その国々に行ったときに、いい先生を聞いていろんな先生に教えてもらっているんです。もちろん音大の先生が多いですけれども。
小泉 ドラムも子供の頃からやっていたんだよね。

YOSHIKI　母親に買ってもらいました。もともと父親が誕生日に楽器を買ってくれていたので、その伝統を（父親が亡くなった後も）母親が守ってくれてドラムを買ってくれまして、最初は独学でやっていました。

小泉　独学でか？

YOSHIKI　ピアノをやっていると楽器はどこにでもいけますね。

小泉　ピアノは何歳からやってたんだっけ？

YOSHIKI　4歳からです。

小泉　4歳から。だからああいうバラードでね。やっぱりピアノの要素があるからロマンチックな哀切極まりない曲が書けるんだね。そう思ったよ。

YOSHIKI　トランペットも10歳から5年やっていました。ただあまりうまくなかった。

小泉　作曲ね。メロディーは考えるのが大変だと思うけどね。

YOSHIKI　簡単にできるものとできないも

のがあるんです。キーとなるメロディーが降りてくるまでっていうのは大変ですね。勉強は1週間やったら1週間前よりも進歩しているじゃないですか。作曲って1週間ずっとやってもできないときはできないので、辛いときはありますね。

小泉　それはそうだな。最初に作った曲が最後に作った曲より良いというクラシックの作曲家もたくさんいるものね。

YOSHIKI　若いときに作ったから悪いとはかぎらない。常に自分の作品を超えていかなきゃいけないと思っているので、それがすごく辛いところではありますね。

小泉　作曲の練習も大変だよね。メロディーを教えるわけにはいかないもんね。自分で考えるんだからね。作曲というのは大変だと思うよ。

YOSHIKI　対位法（※2）とか理論的なものは色々あるんですが、基本的には感覚だと思います。僕は譜面だけで曲を書くんですね。楽器を使わないで譜面に向かって頭の中で音を鳴らして書くタイプなんです。思いついたら譜面や紙に音符を書いて、楽譜ができあがったらスタジオに行って音にしていくんです。

後編（P．214）へ続く……

※1　『WE ARE X』　X JAPANの結成から世界への挑戦、脱退騒動、解散、メンバーの死、洗脳騒動などバンドの激動の軌跡を描いた映画。
※2　対位法　複数の独立したメロディーを調和させて楽曲を構成する作曲技法。

仲代達矢×高橋由伸

監督と役者

——似ていて違う2つの職業

さだまさし×石川雅規

男が引き際を考える時

——野球にとっての美しさ

小柳ルミ子×槙野智章

サッカーはエンターテインメントだ!!

——フィールドという劇場

CHAPTER 1

VICTORY

勝利の創造者たち

俳優

仲代達矢×高橋由伸

巨人監督

監督と役者
似ていて違う2つの職業

大の巨人ファンとしても知られる俳優、仲代達矢と、
2017年が指揮2年目の巨人・高橋由伸監督。
俳優養成所「無名塾」を主宰する名優と「監督、高橋由伸を演じた」
と明かす指揮官が、演技の難しさやファンの気質、
究極のジャイアンツ愛を語り合う。指導者としての見極めのポイントや、
一流の条件など、情熱あふれる2人の掛け合いが繰り広げられた。

取材・構成＝長崎右、伊藤昇、箱崎宏子　写真＝加藤圭祐

現役と指導者の違いとは？

仲代 （巨人ファン歴は）川上（哲治）さんが現役の頃からだから、随分古い。1964年に『ミスター・ジャイアンツ　勝利の旗』（※1）という映画があって川上さん、長嶋（茂雄）さん、王（貞治）さんと一緒に出て、あれほど緊張したことはない。もちろん、高橋さんも選手時代からずっと拝見していて、随分若い監督がでてきたなと。

高橋 （対談したホテルの部屋に）入ってすぐに（仲代の）迫力を感じました。僕も正直なところ、2016年は監督、高橋由伸を一生懸命演じたつもりでいたので、演じることの難しさというか、大変さというか。監督という役ひとつでも、これでいいのか、あれでいいのかと分からないことがたくさんあった。いろんな役を演じる、それを長いこととされているというところに深さを感じます。

仲代 役者はホームランを打ったような気持ちでやったりするんだけど、周りから散々にけなされたりもする。要するに、数字というのがないんですね。やっぱり3割3分3厘打ってホームランを何十本と数字があれば、それだけの価値が認められるわけです。野球では数字が出るのが素晴らしいし、また辛い一面もある。

高橋 そうですね。分かりやすいですけど、辛い。演技というのは数字として表れない評価が難しいというか。僕らは数字が出てしまえば、どうなんだと言えるわけですけれど。

仲代 それで格差があるでしょう。数字を出せば、それだけの報酬がくる。野球の選手はすごく若い時から訓練、修練をしないといけな

人生初の始球式が実現
対談がきっかけで、2017年6月13日の巨人―ソフトバンク戦（東京ドーム）で仲代の人生初の始球式が実現した。俳優座の草野球チームで下手投げ投手だった仲代は「始球式をやらせていただけるのなら、これから練習しますよ」と乗り気。高橋監督も「ぜひ、お願いします」と再会を約束していた。

いでしょう。役者もそう。基礎訓練が終わるのが10年ぐらい。それで初めて芸の力が出る。役者も小さい時から技術を勉強して、芸を磨くのが本来のあり方。そういう意味では、役者は野球の選手に比べれば、まだまだ手ぬるいですね。

高橋　いろんなことを演じるというのは僕らにはできないですから。野球選手はいろんなタイプの選手にはなれない。自分のタイプが決まってしまう。１つしかできないなと思いますね。

仲代　でも、そういう個々が集まってチームになるわけで、われわれも「芝居作りはアンサンブル（調和）」と言いまして、チーム全体のことを考えなきゃいけない。ただ、アンサンブルということだけに頼っていると失敗しますね。やはり個々が優秀で、アンサンブルの刺激を起こしあえると一番良いと思うんですが。そういう点、苦労はなさいますか？

高橋　その前まで（現役選手として）同じ（集団の）中にいて、急にひとつ離れたところから選手を扱わなくてはいけない。自分でも監督になって変わったと言われたくないというところで、必死に考えてしまっていたと思います。急な距離感というのが正直良かったのか、悪かったのか。今年はどういう風にするのか。どの程度が一番いいのかというのが、なかなか分からないというのはありますね。年が上の方の選手に関しては、十何年一緒に戦ってきた。どこかに情があるんですね。

仲代　「無名塾」という、若いやつが3年間、徹底的にうちの小さな稽古場でやるのを40年間やっているんですけど、まだ私、現役の役者なんです。それで、いざ一緒の芝居をして「なんでこんなところに変な間があるのかな？」と思うと、自分なんですよね。弟子の演技のことが気になって間が空いていたんです。だからもう、一緒に出るときは弟子格でもあまり他人のことを考えないようにしているんです。どうですか、プレーイングマネジャーをやったら？

高橋　現役の晩年は自分の中のテーマというか、どこで身を引くかというのをずっと考えていたので。ここが身を引くタイミングなのかなと思いました。

仲代　われわれの場合は弟子だからといって、そいつにうまくなられると困る。そいつより上をいかなければいけない。そういう俗っぽいことを考えるわけで。ファンとしては、プレーイングマネジャーは何年かやられたらどうかなという気がしていましたけど、チーム全体で勝っていくことを考えると、なかなか難しいのでしょうね。

究極のジャイアンツ愛とは？

仲代　ジャイアンツが負けると食欲がなくなるんですよ。他人のやっていることなのに。選手たちは負けた場合はどうなのか。暗くはなりますか？

高橋　個人差はあると思いますね。私はわりとならない方でした。ほぼ半年間、毎日試合をする。しかも結果が出るので、左右されていると持たないと思っていました。

仲代　じゃあ、われわれファンの方が落ち込むんだ。

高橋　ただ、監督になって、ファンに近くなった

6月には主演映画『海辺のリア』

仲代は2017年6月公開の映画『海辺のリア』（監督・脚本＝小林政広）に主演した。
仲代本人を思わせるかつての映画スターを主人公にしたオリジナル作品だ。桑畑兆吉（仲代）は役者として半世紀以上のキャリアを積み、俳優養成所を主宰する大スターだったが、いまや認知症の疑いがあり、長女・由紀子（原田美枝子）とその夫で兆吉の弟子・行男（阿部寛）に高級老人ホームへ送り込まれる。
ある日、その施設を脱走し、さまよい歩く中で妻とは別の女に生ませた娘・伸子（黒木華）と突然の再会を果たす。伸子と会話するうちに、シェークスピア「リア王」の最愛の娘コーディーリアの幻影を見て、自身にも「リア王」の狂気が乗り移る——。
小林監督と3本目のタッグという仲代は「兆吉が約束事など一切なしに、気持ちのまま放浪する姿は少し滑稽でもあるが、頼もしさも感じられます。すてきな新しい映画です。お客さまがどうごらんになるか、興味がありますね」と語った。

なかだい・たつや 1932（昭和7）年12月13日生まれ。東京都出身。52年に俳優座養成所に入所。55年の舞台「幽霊」で注目され、64年の「ハムレット」を皮切りにシェークスピア作品に多数主演。映画は56年の「火の鳥」で本格デビューし、59年に「人間の條件」の主役に。ブルーリボン賞主演男優賞（62年、80年）など国内外で数々の賞に輝く。紫綬褒章、勲四等旭日小綬章、文化勲章を受章するほか文化功労者にも選出された。私生活では57年に宮崎恭子さんと結婚、96年に死別した。

部分があるかもしれない。勝ち負けしか、一喜一憂するところがなくなってしまったので。気持ちの変化というのは、今の方があるかもしれないで

すね。

仲代　選手の起用についても？

高橋　何かできたのではないか。やりようがあったのではないかというのは、勝っても負けても毎日思うところがありますね。

仲代　昔、王さんとは行くレストランが一緒でよくお話をしました。テレビ（観戦）で、チャンスに（巨人の選手が）凡フライを上げると、1人で見ていて「こちょこちょ」とつぶやいたりするんです。（野手が）くすぐったくて落とせばいいなんて思ったりしてね。負けると箸を投げたりしてましたね。

高橋　負けたら箸を投げるというのも、監督になってちょっと分かるところです。昨年は表に出さないよう、だいぶ自分では我慢してというか。我慢した分、そういった気持ちが余計強くなってしまった部分もありました。

仲代　（演技で失敗をしても）気持ちは切り替わ

る方ですね。それは個人が悪いので。しかし、50歳を過ぎてからはもう1人の仲代達矢という嫌なやつが出てきて「そこは間が違うぞ」「もう少し早く言わなくちゃいけないぞ」という。「どけ」って言いたくなるのですが。昔、お前は主観的で客観性がないとか言われましたが、それが客観性なんでしょうね。お客がどう見ているか。50歳から60歳にかけて、やっと分かってきましたね。

一流選手、一流俳優の条件とは?

仲代　役者でも何でも、人間というのは良いところと悪いところがある。かつて野村（克也）監督と対談したのですが、われわれはプロの役者にするために、その子の良い個性を伸ばしてやろうとする。野村監督は逆で、まずは良いところを伸ばすのではなく、悪いところをなくすとおっしゃっていた。

高橋　当然、僕なんかは指導者となって日も浅いですし、まだまだ見極めがつかない。ただ、私自

たかはし・よしのぶ　1975（昭和50）年4月3日生まれ。千葉県出身。神奈川・桐蔭学園高から慶大に進学し、東京六大学リーグ新記録の通算23本塁打を放った。98年ドラフト1位で巨人入団。1年目から主軸として活躍し、ベストナインを2度、ゴールデングラブ賞を7度受賞した。2015年は1軍打撃コーチ兼任。同年10月に3年契約で巨人の監督に就任し、現役を引退。通算成績は1819試合で打率.291、321本塁打、986打点。04年アテネ五輪日本代表。1メートル80、87キロ。右投げ左打ち。既婚。背番号24。

身の考えとして良いところを伸ばして、悪いところを少しでも消してあげられたらと思っています。人数も限られているプロの中で、全てを良くして生き残るのは難しい。まず良いところを伸ばして生きていく方が、道は近いと思っています。

仲代　私なんかもそう思っています。ちょっと難しい話になりますけど、役者って、例えば仲代達矢が自分とは違う他人を演じるわけですよね。演じる役の生きざまは、その役者個人の生きざまにどこか影響されるところがある。野球選手は、その人の生きざまが技術になって、ということはあるのですかね？

高橋　あると思います。タイプというのもあると思いますし、全員が全員、それぞれ違う。個性だと思いますね。

仲代　長嶋さんは天才といわれて、いいところで打つのですよ。「猛烈に練習して自信を持つことだ」とおっしゃっているのを、何かで見たことがある。米国で活躍中のイチロー選手は相当な練習をされる。私なんか六十数年も役者の生活をしていますと、重ね重ね稽古の大切さを痛感させられます。

高橋　練習や稽古の準備の段階で、一流の方はすごいものがあるのかなと思いますが、どうですか。

仲代　この年になると長いせりふはなかなか（頭に）入ってこないので、毛筆で書いて（自宅の壁に）貼っているのですよ。夜中にね、せりふがわーっと押し寄せてきて、悲鳴をあげるときがある。役者もそうなのですが（プロ野球選手も）運、不運、勝負師的な感覚もあるかと思います。

高橋　それこそ天性なのかなと思います。どんなに練習しても、そこは備わっていかない。不思議とチャンスが回って来る人、来ない人。レギュラーを勝ち取る部分でも勝負強い人、弱い人はいる。どんなにいいものを持っていても、なかなかつかみきれない人も多いです。

演劇も野球も人生の縮図だ!?

仲代 40代くらいからちょっとしたスランプのような感じがあって、安部公房（※2）という有名な作家のスタジオで勉強したことがあります。「拍手をもらうとみんな喜んでいると思う？」と聞いてくる。「仲代達矢を嫌いなやつは、どんなにいい芝居をしても、とりあえず（手を）たたいている。仲代達矢を好きなやつは、どんなにまずい芝居をしたってスタンディングオベーションをしてくれる」と。嫌なことを言うなと思ったけれど、そこで楽になりましたね。うまく見せようと思いすぎて硬くなったり、狭くなったりしていた。

高橋 監督になったときには、全員にとって良い監督にはなれないと思いました。そう思うことで気が楽になることはあるのかなと。当然、選手のみんなから良い監督だなんて思われるわけがない。見られているということを気にしすぎても、自分が苦しくなるのかなと思いますね。

仲代 勝ち負けには当然、左右されるのだけど、こういうチームを作りたいという方向に進んでいかれたほうがいいですよね。われわれも「日本にはないぞ、こんな演劇グループは」と自分が好きな方向へ持っていく。それでお客が入らなかったらいいやという感じですね。

高橋 勝てば、どんな野球をしても（周囲は）良い野球と言ってくれますよね。本当に結果がすべてだなと思います。

仲代 だからある意味では（演劇も野球も）人生の縮図みたいなところがあって。それは人間の生き方、人と人とのつながり、この世の運命じみたものなど、そういうことが必ず絡んでくる。今回の対談は面白かった。お互い共通点がいっぱいあってね。10年後の高橋さんが見られたらいいなあと思います。

若かりし頃の写真を手にしてほほ笑む仲代（左）と高橋監督。年齢を重ねて円熟味が増した。

役者にしたい選手とは？

仲代　バッターボックスに立つと、どんな球が来るのかを予測しますか？

高橋　場面によりますね。自分の好不調や精神状態でも変わってきます。調子がいいと予測が当たるのです。調子が悪いと、いろいろなことを考えているうちに、来たら嫌だなと思ったボールが来たり。

仲代　なるほどね。名女優といわれた山田五十鈴さん（※3）と何度か仕事をさせてもらったのですが、初日に「あの劇場が火事にならないかな」と言ったのを聞いて驚いたことがあります。役がつかめなかったり、この芝居はどうしたらいいのだろうとまとまらなかったりするときは「（劇場が）焼けないかな」と思いますね。

高橋　われわれもありますね。きょうもグラウンドに行かないといけないのか、と……。でも時間は待ってくれないので、もうやるしかないと。

サイン入りバットの贈り物

対談終了後、高橋監督がサイン入りのノックバットを仲代にプレゼントする一幕があった。「お会いするとイメージが変わります。どうしてもテレビで見ていると、役がその人そのものなのでは、とイメージしてしまいますよね」と指揮官。思わぬ贈り物に、仲代は「（これで）ノックをしようかな」と大事そうに持ち帰った。

仲代　時間は待ってくれないですね。身をさらす商売ですからね。

高橋　嫌なことも当然たくさんあるのですが、好きなこと、自分の一番得意とするものを仕事にできたので、幸せだなと思っています。

仲代　無名塾は日本の演劇界で一番小さなグループなのです。女房（宮崎恭子、※4）が21年前に死んで、無名塾の若手とか制作陣が支えてくれている。朝起きると、わーっと騒がしくなっているのが、幸せだなあと思いますね。イケメンですから、高橋監督に役者をやらせてみたい。二枚目ですし、主役もできるのではないでしょうか。あと、阿部（慎之助捕手）さんなんて面白いでしょうね。あまり深く考えたことがないですけど、表現の仕方が独特でしょう。「最高です！」という言葉が有名になったけど、そういうものを作り上げた。それを演じているわけですね。

高橋　確かに阿部は自分の見せ方を理解している選手ではあるのかなと思います。

仲代　それとやっぱり風貌です。こちらはイケメンですけど、あちらは喜劇役者に向いている。

※1　ミスター・ジャイアンツ　勝利の旗　1964年に東宝系で公開されたセミフィクション映画。巨人・長嶋茂雄（現・終身名誉監督）本人が主演し、公開前年となる63年の活躍や苦悩が描かれた。また当時の巨人ナインも出演している。

※2　安部公房（あべ・こうぼう）　1924～93年。国際的にも知られノーベル文学賞候補にも挙がった、日本を代表する作家。51年に『壁―S・カルマ氏の犯罪』で芥川賞受賞。代表作に『砂の女』『箱男』など。

※3　山田五十鈴（やまだ・いすず）　1917～2012年。70年以上にわたり映画、舞台、テレビドラマで活躍し、00年に女優として初の文化勲章を受章した。代表作に『祇園の姉妹』『蜘蛛巣城』など。

※4　宮崎恭子（みやざき・やすこ）　1931～96年。女優で演出家。隆巴（りゅう・ともえ）のペンネームで脚本家としても活躍した。57年に仲代達矢と結婚。75年に夫と俳優養成所「無名塾」を設立し、演劇の発展に尽くした。

MEMO

濃密で、重厚な2人の会話は気付けば予定の時間を過ぎていた。最後の写真撮影中、仲代さんが漏らした「人間というのはどこかで演じているところがある。役者じゃなくたって」という言葉が今も忘れられない。

後日、対談時の写真を高橋監督に手渡すと「本当に巨人のことが好きな方だったね」と喜んでくれた。名優との対談で垣間見えたのは、飾らない指揮官の本音。指導者としてどう演じていくのか、近くで感じていきたい。

（長崎）

舞台や映画で深みのある重厚な演技、多彩な表情で魅了する仲代氏。対談では野球少年のような顔に魅せられた。時に身を乗り出すように高橋監督に質問したり、楽しそうに思い出話を語ったり……大のG党ぶりが、ヒシヒシと伝わってきた。

この対談が縁で、6月13日の巨人―ソフトバンク（東京ドーム）で始球式も行うことになった。決まったとき、名優はきっと〝少年の瞳〟をしていたにちがいない。輝きは、永久に不滅だ―。

（箱崎）

シンガー・ソングライター

さだまさし×石川雅規

ヤクルト投手

男が引き際を考える時

野球にとっての美しさ

日本一のコンサート回数を誇るシンガー・ソングライターのさだまさしと、現役最多勝投手のヤクルト・石川雅規。球団ファンクラブの名誉会員でもあるヒットメーカーと球界屈指の技巧派左腕が、ステージやマウンドでの孤独感、いずれ訪れる引き際について語り合った。話は、さだが2016年11月5日、ヤクルト―東京六大学選抜の「明治神宮外苑創建90年記念奉納試合」で国歌独唱の大役を務めたところから始まる。

取材・構成＝加藤俊一郎、佐藤春佳　写真＝小倉元司

継続は力なり

さだ　独唱は、自分の声の調子を見極めて、どこで入るか考えなきゃいけないから難しいんです。シーンとした中で1人で歌って。投手と似ているかもしれないけど、開幕投手は絶対にやりたくない。石川君は7度（2017年で8度目）もやっていますよね。

石川　何度やっても、ドキドキばかりです。グラウンドに出たら腹を決めるんですが、それまでは手汗がすごい。

さだ　僕もツアー初日は、ステージの袖で手が震えているときがある。コンサートを4000回やろうが5000回やろうが同じ。（2015年の）日本シリーズの開幕戦先発なんて、どんな気持ちだったの？

石川　あの時だけは泣きそうになりました、うれしくて。14年目でやっとここに来たかと。キャッチボールをしている最中も〝やばい、泣いちゃう〟って。

過去にも曲の中に「スワローズ」
1996年に発表した『絵画館』の歌詞で、さだは「授業を抜け出して／球場のアーケード／ゆっくりすれ違う／スワローズのユニフォーム」と神宮球場の風景を歌っている。球場近くの国学院高校出身で、今回の取材時に「校則で、僕らは雨の日以外、学校の行き帰りに球場のアーケードの下を歩いてはいけなかったんですよ」と懐かしんでいた。

さだ　入った年（２００２年）から優勝がなかったんだものねえ。僕らにも日本シリーズのようなものがあるべきなんだろうな。若い頃『ミュージックフェア』（※1）に呼んでもらったとき、本当にうれしかった。それほどのステータスだった。今では最多出場男性歌手になっちゃいましたけどね。ところで、投手に聞きたいのは完全試合をするなら、81球で全員3球三振か、27球で終えるか。

石川　僕は27球です。打てそうで打てない、バッターが〃いつかは打てる〃と思っていて、気付いたら7回まで抑えられていた——という投手を、小さな頃から目指してきましたから。

さだ　同じだ。僕もすぐ終わる歌手と思われてやってきたから。ヒットチャートの番組には必ず、その時ピークの人がいて、世間の目はそこに集まる。僕は2番手3番手でずっときている感じ。剛球投手じゃないんでね。目の前のことを１つずつやってきた。石川君に共感する部分があるね。

技巧派の美学

さだ　いつマイクを置くか、僕は簡単なんです。お客さんのために歌っているので、お客さんがいなくなったらやめればいい。たくさん来てくれているうちは、やめるとか考えたら駄目。

石川　自分で引退を決められる選手は幸せだと思いますね。プロで15年やってきて、僕より若い選手が毎年入ってきますが、それと同じ人数がやめていきます。

さだ　僕が駄目になってくればお客さんは入らなくなる。すると（会場の）キャパを小さくするでしょ？　そのときですよね。「キャパを小さくしても現役でやりたいですか？　君のプライドは？」って言われるときが来るかもしれない。覚悟していますよ。明日ステージに上がる保証はない。だから惜しまない。明日のことを考えない。

石川　僕はボロボロになるまでやりたいんです。大好きな野球を仕事にできているのは最高なので。小さいプライドはありますけど、体が元気で投げられるうちは「いらない」って言われるまでやりたい。

さだ　野球の美しさは敗者です。敗者がどれほど美しいかで試合の価値が決まる。2016年の黒田博樹投手（広島）は永遠に忘れられないかな。石川君には最後の最後までボロボロになるまでやってほしいなと思いますね。ところで、先発投手って、だいたい立ち上がりが悪いじゃない？　なんでだろう。

石川　メンタルだと思いますね。若い頃、早い回でマウンドを降りるときに「完投する気なのか？」って怒られて。1人ずつ、1イニングずついけよって。結局、150勝もその積み重ねでした。

さだ　球種を増やすのはすごく大変だと聞くけれ

さだは、2016年11月6日の「明治神宮外苑創建90年記念奉納試合」で国歌を独唱した。自分の声だけで歌い出す難しさは、投手にも通じるという。

ど、毎年新しい球種に挑戦しますよね。

石川　今投げられなくても、5年後、10年後に使えるかもしれないと思ってやっています。僕には速いシンカーと緩いシンカーがあるんですけど、今年はその中間のシンカーを、と思ったんです。でも難しかったですね。

さだ　それはコントロールが？

石川　コントロールと、同じ腕の振りで手首が寝たり、立ったりとか。そこを一緒にしないと、打者も見てくる。ただ投げるだけなら、どんな球種も投げられると思うんですけど。それができなかったですね。

さだ　若い投手に言いたいこともあるでしょう？

2017年時点で現役最多勝となった石川。常に新たな球種や投球術に挑戦し続ける真摯な姿勢が、ファンを魅了している。

石川　聞かれたら全部答えるようにはしています。表立っては言えない。コーチではないですし。ただ「もっとこうやった方がいいんじゃない？」って言うようにしています。ブルペンではすごく良い球を投げる選手がたくさんいるんですが……。

さだ　何が違うの？　気持ち？

石川　〝えいやっ！〟って投げる人が多い。僕は、投手と打者は〝タイミングのずらし合い〟だけだと思っている。いくら遅くても、緩急やタイミングをずらせばそんなに飛んでいかない。

さだ　石川君、（球速）130キロぐらいだものね。それでも抑える。

石川　逆にうらやましいですよ、速い球。どこかに売っていないかなって……。

2017年は日本一!?

さだ　石川君が目指しているのは200勝！　あ

と5年以内にいきますよね。できれば4年？　15勝平均でいけばすぐですよ。

石川　でも、48勝は長いなと思います。20代の頃は投げたら勝てる気がしていました。30（歳を）過ぎてから、1つ勝つ大変さを感じてきて……。

さだ　どうしてだろう？

石川　経験で、怖さを感じるようになって。展開を読んでしまうこともある。余計な邪念だと思うんですが。

さだ　僕の場合、コンサートで〝ちょっと単調になっているな〟と早い段階で気づいても、最後に盛り上がればいい。逆に最初が良くても終わりが駄目だと、尻すぼみと思われる。野球とは違いますよね。声は歌えば歌うほど落ちてくるのに、9回になって150キロを投げないといけない感じ。でも結構、最初からいっちゃう。

石川　僕らはいけるところまでいったら、中継ぎ、抑えに「お願いします」って言えますからね。

さだ　投げていて、最後までいけるな、とかわかりますか？

石川　調子がいいから抑えられるわけじゃないし、

いしかわ・まさのり　1980（昭和55）年1月22日生まれ。秋田県出身。秋田商高から青学大を経て、2002年ドラフト自由枠でヤクルト入団。1年目から先発ローテーションに定着し、新人王に輝いた。08年には最優秀防御率（2.68）のタイトルを獲得。15年はチームトップの13勝（9敗）を挙げ、リーグ優勝に貢献した。1メートル67、73キロ。左投げ左打ち。既婚。16年の年俸2億円。背番号19。

逆に調子が悪い日は慎重にいくから、長い回を投げられることもあるんです。僕らは調整に1週間いただいているので、やはり最低でもクオリティースタート（6回以上を投げて自責点3以下）は行かないと。

さだ　1回に3点取られても、そのまま6回までキープすれば同じことだもんね。

さだ・まさし　本名・佐田雅志。1952（昭和27）年4月10日生まれ。長崎市出身。吉田政美と「グレープ」を結成し、73年にデビュー。『精霊流し』『無縁坂』がヒット。76年にソロデビュー後、『関白宣言』『北の国から』などの国民的ヒット作品を発表。また2001年から小説家としての活動を開始し『解夏（げげ）』『ちゃんぽん食べたかっ！』など10作品を発表。14年、ヤクルトのファンクラブ「スワローズクルー」名誉会員に就任。

石川　そうです。3点取られた後でも、1点を怖がって大量失点することってあるんですよ。切り替えないと。

さだ　大きなけがをしないよね。

石川　ええ、プロ入りしてからは。自分のストロングポイントとして、〝投げてほしいときにいてくれる存在〟でありたい。「中4日でいけるか？」と聞かれたら必ず「いけます」と答えたいし、その準備をしておきたい。10勝しても10敗する投手だけど、絶対にローテーションは外れないぞ、という思いはあります。

さだ　セ・リーグは今、僅差だと思うんです。2016年の広島は本当に投打がかみあっていたし、

応援も球史に残る素晴らしさだった。でも現実には力の差はない。5位のヤクルトも、来年また優勝のチャンスがある。ファンとしては、いつでも優勝できると思っていますよ。

石川　2015年に最下位から優勝したので、16年も優勝から最下位の可能性もあると思ってやっていました。うれしさも怖さも知ったので、17年が本当に大事。また駄目だとあの優勝は何？　となってしまうので。

さだ　6位から優勝したってことは、5位からは日本一だ。僕は今、真面目に、スワローズをテーマにした歌を作りたい。

石川　本当ですか？

さだ　愚痴っぽい歌になるかもしれないですけ

プロ意識に感激

石川は2016年11月18日にオリンパスホール八王子で行われたコンサートツアー「2016月の歌」を鑑賞。直前まで楽屋で和やかに談笑していたさだが、舞台に上がるや豹変した姿に仰天。「さすがのスイッチのオンオフは見習いたい。観客のハートをわしづかみにする姿に、やはり超一流は違うと思いました」と感激しきりだった。

ど。ジェームス・テイラーがひいきのレッドソックスの曲『Angels of Fenway』（※2）を作っていて、それがずっと愚痴っている。それがファン心理にぴったりなんですよ。大好きでしょうがないんだけど、ただ「頑張れ！」じゃない歌を作りたいね。

石川 今からすごく楽しみです。よろしくお願いします。

※1 **ミュージックフェア** 毎週土曜午後6時から放送されているフジテレビ系の音楽番組。テレビ放送がまだ白黒だった1964年8月31日に放送が開始され、週間レギュラー番組としては日本最長寿を誇る。さだは2016年11月19日の放送で97回目の出演となり、男性アーティストの番組最多出演記録を更新中（全アーティストでの最多は森山良子）。

※2 **Angels of Fenway（フェンウェーの天使）** 米国のシンガー・ソングライター、ジェームス・テイラーが2015年に発表したアルバム『Before This World』に収録。04年に86年ぶりとなるワールドシリーズ制覇を果たしたレッドソックスファンの心情を「バンビーノ（ベーブ・ルース）がかけた呪いから、86度も夏が過ぎていった。ブロンクスマシン（ヤンキース）の影におびえ、涙とため息で生きてきた」などと、淡々と歌い上げる。

MEMO

1メートル67。さだまさしと石川雅規の背丈は、ほぼ同じである。年齢は違えど、ほぼ同じ目線の高さで、ステージとマウンド、それぞれの舞台に長く立っている。彼らが見ている現在と、引き際を聞きたかった。

敗戦投手の背中は哀しい／男なら誰でもその理由を知ってる／長い人生に一度や二度は／自らマウンドを降りることもあるから

さだには『敗戦投手』という楽曲がある。コミカルなメロディーながら、歌詞は深い。コントラストの妙は、技巧派の真骨頂といえるものだ。

石川雅規は「僕は10勝10敗の投手だけど、究極のイニングイーターになりたい」と言う。チームのために1つでも多くアウトを取り、イニングを消化する投手。2017年現在、小さな左腕は、プロ野球の現役投手の中で最も多くの勝利を挙げ、最も多くのイニングを投げている。一方、最も多くの安打と本塁打を浴び、最も多くの失点を許し、最も多くの敗戦を喫してもいる。つまり最も多く「敗戦投手の背中」を見せてきた男。さだは「敗者がどれだけ美しいかで、試合の価値が決まる」と穏やかに語りかけ、石川の美しさを認めていた。（加藤）

歌手／タレント

小柳ルミ子 × 槙野智章

浦和レッドダイヤモンズDF

サッカーはエンターテインメントだ!!

フィールドという劇場

歌手でタレントの小柳ルミ子と、サッカー界の“お祭り男”J1浦和の日本代表・槙野智章が、熱い激論を交わした。意外にもサッカー通だった小柳さんが12年間つづってきた観戦記「ルミ子ノート」を本邦初公開!?　お互いのエンターテインメント論についても語り合い、夫婦漫才のような展開に発展した。

取材・構成＝宇賀神隆　写真＝加藤圭祐

大公開!! 驚異の「ルミ子ノート」

小柳 この（A4判の）ノートはね、サッカーの試合を見て付けているの。槙野選手でもやっていないでしょ。自分が感じたことを書いているのよ。

槙野 これはすごい!! さすがに、ここまではやっていないですよ。2015年のJリーグアウォーズで、「誰よりも見ている」っておっしゃっていましたよね。毎年、何試合ぐらいですか。

小柳 この前、1年間で何試合かを計算したら2190試合。放送予定（一覧表）に蛍光ペンで、しるしを付けて、だいたい1日に5試合。仕事がない日は10試合ぐらい見ていますよ。

槙野 （ノートをのぞき込んで）国内外を問わずですね。（J2の）「町田－岐阜」もある。どこの国がいいとかはありますか。

小柳 リーガ・エスパニョーラ（スペインリーグ）のバルサ（FCバルセロナ）ですね。なるべくライブ（生放送）で。朝の4時半からライブを見て、さらに再放送も。バルサは下手をすると同じ試合を7回ぐらい見ています。

槙野 すごい。それ、現役選手より、Jクラブのどのスカウティング（分析担当）の人より見ていますよ。

小柳 でしょ!! それはね、ちょっと自信があるわ。

槙野 次の仕事は、「Jリーグのフロント入り」

1970年代を代表するアイドルだった小柳。正統派の歌手としてヒット曲を連発し、ダンスでもファンを魅了した。

でいいじゃないですか。絶対に、できますよ。うち（浦和）のスカウティングより、いいんじゃないですか。

小柳　アハハ‼　分析担当者からの情報を、どれだけ練習から選手に落とし込んでいるのか、前から気になっているんですよ。大事なことじゃないですか。

槇野　こんなにサッカーにのめり込んだのは、いつからですか。

小柳　（アルゼンチン代表フォワード＝FWでバルセロナの）メッシがプロデビューした12年前ぐらいから。メッシが世界で一番好きなのよ。技術も決定力もあって、アシストもする。あれだけの選手なのにモチベーションは下がらないし、プレッシャーにも負けない。人としても好き。誠実で野心もあって自然体で。あれだけの選手なのに、おごらないのよ、謙虚だしね。

槇野　なるほど、分かります。

小柳　メッシの映画も見たんだけど、幼い頃はホルモン異常の病気であまり背が伸びず苦労してね。プレーを見ていると泣けてくるんです、人生を感

こやなぎ・るみこ　1952（昭和27）年7月2日生まれ。福岡市出身。宝塚音楽学校を主席で卒業後、宝塚歌劇団に入団。1970年にNHK連続テレビ小説『虹』で女優デビュー。翌71年には『わたしの城下町』で歌手デビュー、160万枚の大ヒットを記録。72年には『瀬戸の花嫁』で日本歌謡大賞を受賞した。NHK紅白歌合戦出場18度。

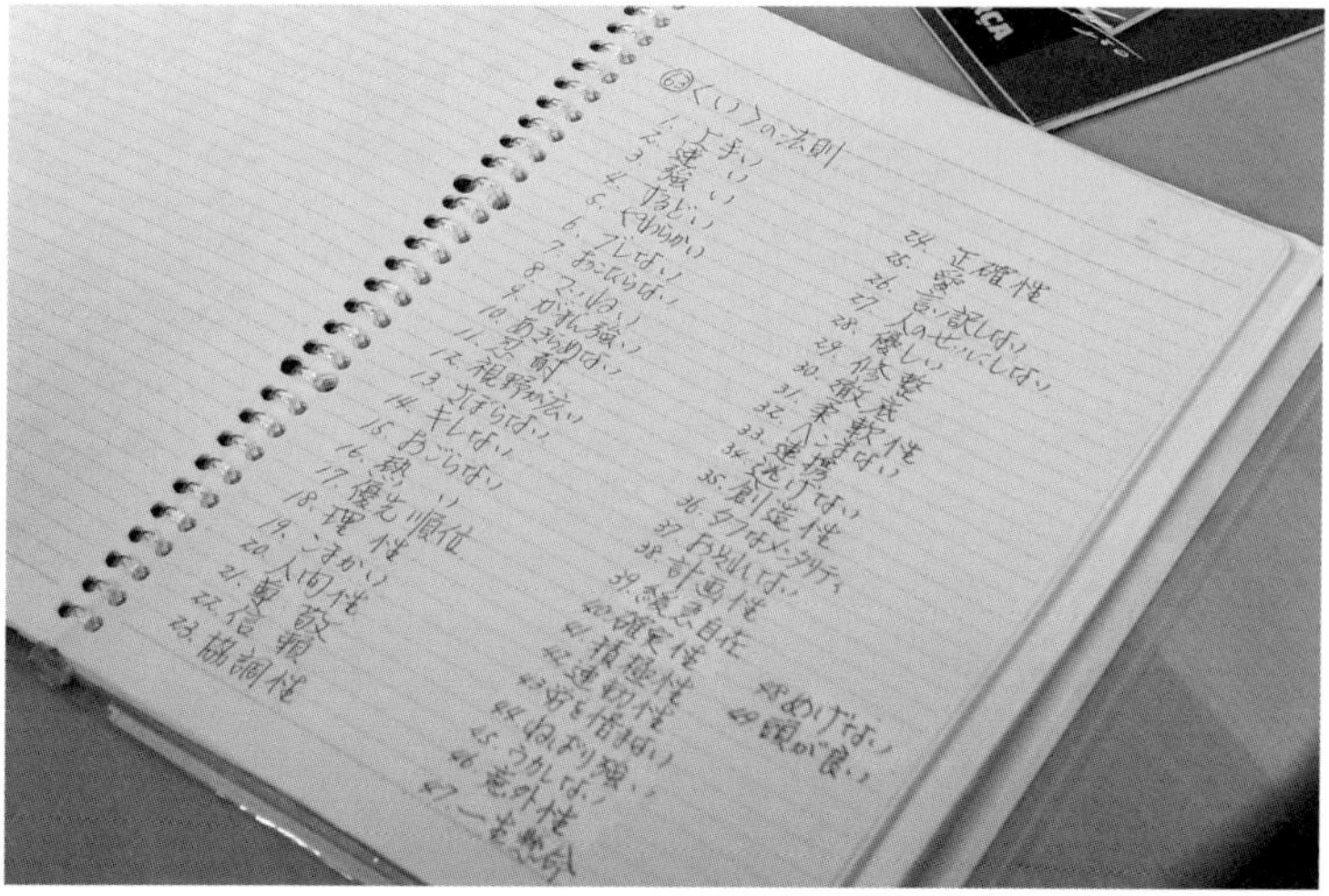

「ルミ子ノート」に記された「〈い〉の法則」。上手い、速い、強い、と、サッカーに必要な要素には「い」が付くという。

じてね。そして、9年前ぐらいから自分のブログでサッカーのことを書きだしてからサッカーが好きになったの。それまでもサッカーに興味はあったんですが……。きっかけはメッシです。ところで、どうしてディフェンダー（DF）になったの？

槙野　フォワードだったんですけど、中学3年のときにDF陣がけがでいなくなって、監督から「この試合だけやってくれ」って言われたんです。「この試合だけですよ」って遊び感覚でやったら、結構楽しくて、意外にできてしまったんです。そこからDFに目覚めて、のめりこんでしまいました。

小柳　そうだったの。分からないものですね。

槙野　（ノートを眺めながら）字もきれいですよね。あっ、（選手の）移籍とかも書いてある。ちゃんと押さえてますね。本当に好きじゃないとできないですよ。

小柳　私が勝手に付けた、サッカーに必要な「〈い〉の法則」というのがあるの。これは、芸能界でも、

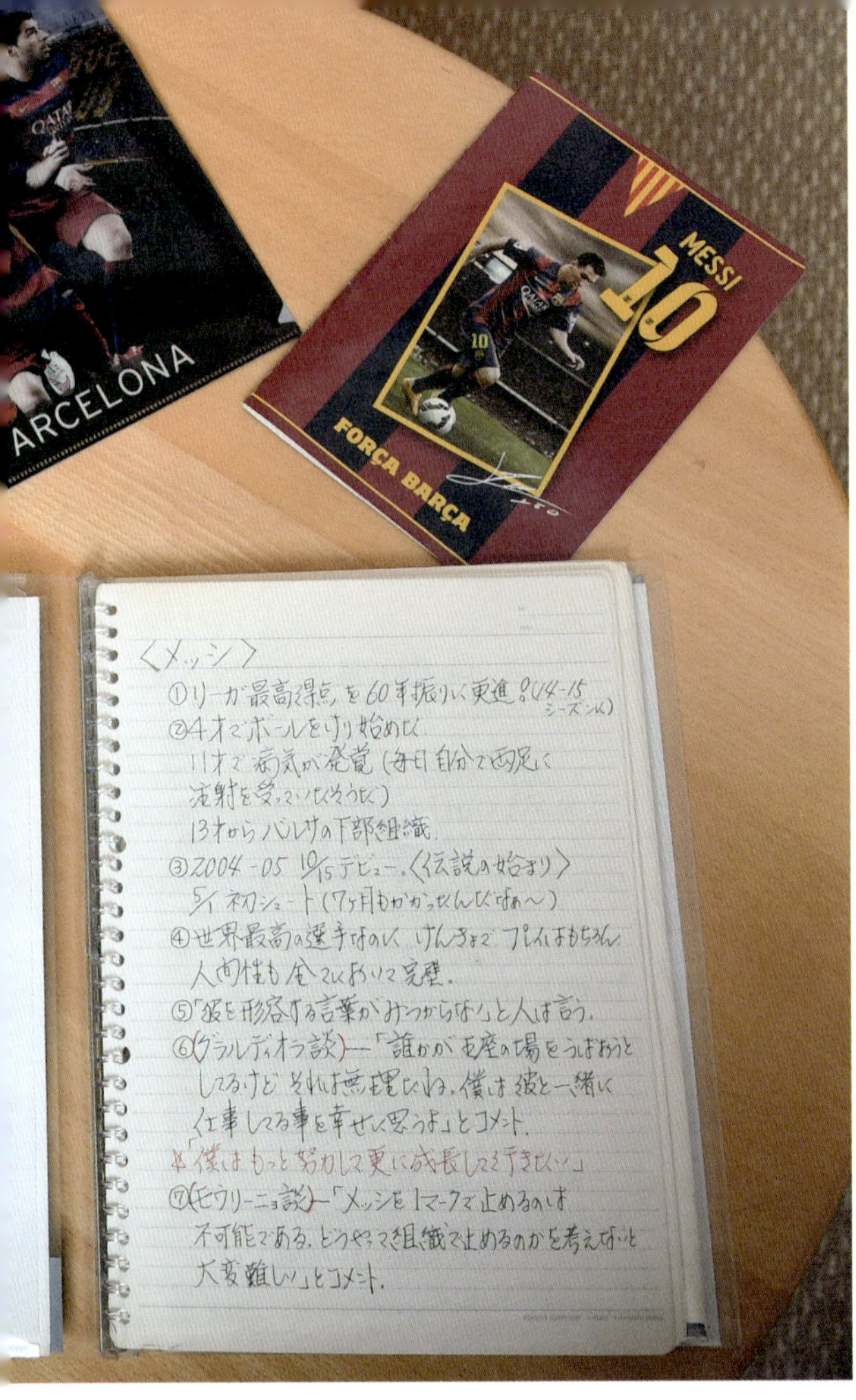

どの仕事でも同じことだと思うのよ。

槙野　すごい。（最後が）全部「い」ですね。写真を撮ってもいいですか。「メンタリティー」も「い」ですね。「緩急自在」、「浮かれない」……。僕、よく浮かれちゃうんですよ。

小柳　すごいでしょ。「愛」もあるのよ。そして、最後は「頭が良い」なんですよ。

槙野　これ49個なんですか。50個じゃないんですか。

小柳　そうなの。また出てきたら、付け足すの。自分でも好きでよく見るのよ。

槙野監督構想

槙野　将来、監督をやりたいんですよ。ぜひ、分析担当で（来てください）。

小柳　もちろん、いいですよ。いいチームに

右下が初公開の「ルミ子ノート」。メッシへの思いや、サッカーに必要な「〈い〉の法則」などがつづられている。放送予定表には観戦する試合に付ける星印がズラリ。

単身で
南米選手権を観戦

小柳は2016年6月、米国で開催された南米選手権決勝を観戦した。10代から芸能界で活躍。いつも旅行先にはマネジャーが同行していたが、大ファンのメッシ（アルゼンチン）を見るために単身で渡米した（結果はPK戦で、チリがアルゼンチンに勝利）。現在は、従来の芸能活動よりもサッカーに関連した仕事が増えている。2016年12月20日の年間表彰式「Jリーグアウォーズ」にも2年続けて出席するなど、ラジオやテレビにも引っ張りだこだ。

なると思います。フフフ。サッカーって、ただ走ってボールを奪ってゴールするだけではない。そこには人間ドラマもあるし、勝つためにどうしたらいいかとか、奥が深いのよ。

槙野　単純そうに見えてそうじゃないんですよ。僕も常に人から見られているという意識でプレーしています。

小柳　具体的にはどんな？　何か変わるきっかけがあったの？

槙野　広島でプロ1年目のとき、練習にジャージーで行ったんです。そのとき、当時の佐藤寿人キャプテン（2017年J2名古屋）に「ふざけるな。プロのサッカー選手だろ!!」って怒られました。「ピッチ外でも容姿、髪形、持ち物、そういうもので子供たちに夢を与えろ!!」って。

小柳　プロ意識ですね。私も歌手を目指して、何があっても頑張ろうと思ってきた。

槙野　当時、寿人さんはベンツに乗るわ、ルイ・ヴィトンのバッグを持ってロレックスの腕時計はしてるわ……。頑張ればこういうものが持てるんだというメッセージになるんだな、って。その頃から僕の意識もずいぶん、変わりましたよ。

小柳　そうね、大事なことね。私も見られているという意識で、今でもボイストレーニングに行っているし、自分の体を衣装に合わせるように努力

広島時代の槙野は、矢を射るポーズなどさまざまなゴールパフォーマンスを発案した。

天才的発想力

広島時代の槙野は、ゴールパフォーマンスの天才だった。最も有名なのがチーム名「サンフレッチェ」の由来である「3本の矢」で、ゴール後に同僚3人と弓矢を射るポーズだ。その後、全員で射るバージョンに発展した。一方、「魚釣り」はゴール後、選手が円になってエアーフィシングをするポーズ。「カーリング」のパフォーマンスをやろうとした際、主審に止められて激怒したことも……。まさに、サッカー界のエンターテイナーだ。

しているわ。

槙野　やはり、見ている人に夢を与えたいですから。（三浦）カズさんとか（中山）ゴンさんがゴールを決めた後、カズダンスとかパフォーマンスをしますよね。僕たち若い選手も何かしないといけないって思いました。

小柳　そうですね。足を運んで、見てもらってなんぼですから。それは私たちの仕事も同じ。いろいろなことで憧れとか尊敬とかでね、足を運ばせることって大変ですからね。

槙野　当時、所属していた広島の本拠地は5万人収容で観客は7000人ぐらい。そこでゴールパフォーマンスを考えたんです。そして、試合後の劇場型パフォーマンスも考えました。試合後に歌を歌ったり仮面をかぶったり、いろいろやりました。サポーターの代表者と話し合いをして、「こういう歌詞を書くから、サポーターも歌って下さい」ってお願いしたりしましたね。サッカーの試合を1つの公演と考えました。口コミでこれが広がって「あいつらサッカー以外でも面白いこと、やってるぜ」って。

まきの・ともあき　1987（昭和62）年5月11日生まれ。広島市出身。J1広島のジュニアユース、ユースをへて、2006年にトップチーム昇格。10年にブンデスリーガ・FCケルンへ移籍し、12年にJ1浦和へ移籍。16年リーグ戦は、29試合出場、3得点。J1通算では、246試合、35得点。日本代表戦は24試合出場で2得点（いずれも16年末まで）。1メートル82、77キロ。独身。ポジションはDF。

どんどん広がったんです。

小柳　やっぱり「見たいな」「触れたいな」とか「時間を共有したいな」って思わせなければ、足を運んでもらえないから。

槙野　そうですね。サッカーをただ見に来ただけでなく、勝った後にはこんなことがあるよ、とか、ゴール後に面白いパフォーマンスがある、とかも恒例化させたという自負も、ありますね。

小柳　私もね、チケット代プラスお土産というか、舞台が終わった後、お客さんにこんなお土産をもらったって思ってもらいたいって、いつも考えているんですよ。きちんとプレゼントして帰したい。「チケット代、高かったわ」って感じさせちゃいけないって思うのよ。

槙野　確かに、そうですよね。だから、僕もちょっとやそっとのけがなら無理してプレーしちゃう。気がつくと相当大きなけがになっているときもあります。

サッカーも芸能界も最後は人間性

小柳　槙野選手は自分が出場した試合のビデオを見る方なの？

槙野　見ますね。次の対戦相手のビデオも見ますし、自分が出場した試合も。自分が出たバラエティー番組も、知り合った方の番組も見ます。情報は何でも入れるようにしています。

小柳　いいことですよ。とても大事だと思うわ。

槙野　僕は出場した試合やインタビューを受けたシーンも見るようにしています。みんなは「ナルシシスト」のように言いますが、見ることで同じ失敗をしたくないとか、どこの発言が映像に使われているのかも知っておきたい。明石家さんまさんも、よく言っていましたが、自分の映像を見ながら、酒を飲むって……。

小柳　私も絶対に見ます。仕事は、やりっぱなしではいけないと思うのよ。自分のミスしたところ、いけなかったところ、逆によかったところを自分に落とし込んで、次に生かさないといけない。そうしないと成長はないの。

槙野　そうですよね。サッカーもフィードバックはすごく大切ですから。

小柳　私の仕事もサッカーも最後は性格とか人間性だと思う。サッカーは雪でも雨でもやるわけでしょ。けがをしたら包帯をして、血だらけでもやる。あれを見て感動しない人は人間じゃないわ。私も本当に命がけで仕事をしているんだろうか、って思うのよ。

槙野　そんなふうに感じてくださっていたんですね。

小柳　芸能界の仕事って、サッカーと似ているような気がするの。ディフェンダーは自分の会社を守るマネジャー、ミッドフィルダーが現場スタッフ、監督、照明、音響、バンドなどで、フォワードが私たちタレント。そしてゴールが利益。タレントがゴールを決めてこそ、利益が生まれるんですよ。

槙野　それぞれのポジションに役割がある。チームとしてまとまらないと機能しません。

小柳　そう。DFがまずしっかり支えて、前の人たちが頑張ってくれって。中盤もスムーズにボールをつながないといけない。信頼感がなかったら、前にいけないし、何も生まれない。サッカーからは本当にいろいろなことを勉強させてもらいました。

槙野　なるほど。すごく分かりやすいですね。僕も今まで以上にプレーに専念して夢を与えたいと思います。これからもいろいろと教えてください。

MEMO

2016年師走の昼下がり。東京都内のホテルの一室で、芸能界の〝元祖〟エンターテイナー・小柳さんとサッカー界の〝新鋭〟エンターテイナー・槙野選手の異色対談が行われた。

小柳さんは、サッカーの日本代表ユニホーム、〝サムライブルー〟を着用して登場。対して槙野選手は普段着で現れ、ホテルで慌ただしくスーツに着替えた。対談開始前のエンターテイナー対決は、まずは小柳さんの「判定勝ち」?だった。

両者の共通点は、いつも観客目線で考えているということ。どうすれば観客を沸かせることができるか、どうすればたくさんの人が会場に足を運んでくれるのか。話を聞いていて、そのことばかりを考えていることが、よく分かった。

小柳さんは、サッカー関係者以上にサッカーに詳しかった。常に持ち歩くという「ルミ子ノート」には、Jリーグの観戦記などがビッシリ。意外過ぎる〝サッカーおたく〟ぶりに槙野選手もたじたじ。2人は今回の対談後もメール友達として交流を深めているという。10年後、「槙野監督―小柳スカウト部長」というコンビが、Jクラブで辣腕を振るっているのかもしれない……。(宇賀神)

SPECIAL 1

フリーアナウンサー

羽鳥慎一 × 長嶋一茂

元プロ野球選手/タレント

モーニングショーは闘技場だ

不仲説の真相

フリーアナウンサーの羽鳥慎一と、元プロ野球選手でタレントの長嶋一茂は、テレビ朝日系の『羽鳥慎一モーニングショー』のメインキャスターと、金曜日のレギュラーコメンテーターという関係にある。一部で報じられた不仲説の真相から視聴率が好調な要因、手本にしている人物などを語り合った。

取材・構成＝田代学　写真＝早坂洋祐

敵か味方か

羽鳥　（不仲と報じた）記事が、事実と合っていないんですよ。別の番組での僕の発言をきっかけに、反省会で「一茂さんがやめないなら、俺がやめます」と言い合いになったと書いてあるんですが、そもそも一茂さんは反省会に来ないんです。そこは強く否定したい。

番組は9時52分に終わるんですけど、おそらく54分には車に乗っていますからね。反省会もなくなりました。

一茂　俺はね、年齢的なこともあるんだろうけど、誤解とか、歪《わい》曲《きょく》されて伝わっていることを、いちいち正すような作業はもうしないと決めている。ネットで書かれていることも、どうでもいい。

羽鳥　金曜日のスタッフの指標は一茂さんなんですよ。難しいことをパネルで分かりやすく解説するコーナーがあるじゃないですか。スタッフが本を書けるんじゃないかというぐらいの情報を集めてきて、簡潔に1枚のボードにまとめるんですけど、そのスキルがどんどん上がっている。これは一茂さ

羽鳥慎一モーニングショー
テレビ朝日系列で2015年9月から放送中の情報番組。放送時間は月~金曜午前8時から。メインキャスターは羽鳥慎一、アシスタントを宇賀なつみアナウンサーが務める。2016年度の平均視聴率が7.4%（ビデオリサーチ調べ、関東地区）を記録し、同時間帯の年度平均で民放1位となった。

んに「すごいねえ」「よく調べたねえ」と言ってもらうために頑張っているからですよ。視聴率がいいのにもつながっていると思います。

一茂　俺は政治評論家でも経済学者でもないからね。正直言って、コメンテーターとして座っているのは、おこがましい。（金曜日に共演しているノンフィクション作家の）吉永みち子さんや玉川徹（※1）さんのようなスペシャリストと違って、俺自身のコメントは影響しないと思って、好きにやらせてもらっている。ニュースを分かりやすく教えてくれるから、金曜日の仕事を楽しみに来ている。

羽鳥　玉川さんは言いたいことを言ってくれるので、賛否両論あっていい。若干、一茂さんより世間のあたりは強いかもしれないですけどね。いろいろな意見がぶつかり合った方がおもしろいじゃないですか。

一茂　玉川さんは、ものすごく博学な方なのでいろいろ教わりたい。リスペクトしています。番組の中でタダで教えてもらって、他の番組に出るときの糧にもなるからね。

羽鳥　こっちが何を伝えたいかというのもありますが、やはり分かりやすさと、（視聴者が）何を見たいかが大切。知りたいことを分かりやすく伝える、そこをスタッフも私も大事にしているんです。

一茂　コメンテーターとしては、なるべく好き勝手なことを言うようにしている。当然、自由と一緒で規制はあるけど、なるべく本音でね。3人で同じことを言うより、ぐちゃぐちゃになった方が羽鳥くんも仕切りやすいでしょ。

羽鳥　仕切りやすくはないですよ。確実に、仕切りにくくはなります。

一茂　悲惨な事故や事件以外は、どうやって脱線しようかな、っていうのはどこかで考えている。どうでもいい話にすり替えて、そのときの羽鳥くんの表情が見たい。いたずら小僧の発想ですよ。局アナならスルーして、何とか終わら

スキャンダル防止策

ワイドショーの出演者がスキャンダルを起こせば、自分がネタになってしまう可能性がある。羽鳥と一茂の“スキャンダル防止策”は対照的だ。「外に出ないようにしています。ひとのことを言っているのに、自分のことを言わないのは駄目。ワイドショーで扱われないように自宅で飲んでいます」と羽鳥。一茂は「羽鳥くんはいろいろガードする必要もあるだろうけど、俺は普通にしているだけ。迷惑をかけなければいいでしょ」と自然体を強調していた。

すようなときでも、「いやいや」と言いながら整理して、こなしていけば、よりおもしろくなるでしょ。

羽鳥　こなれさせるのは大変ですが、楽しいのは、楽しい。よーし、とは思いますね。

言葉の格闘技

一茂　羽鳥くんのスタンスは最初から本当に変わらないよね。俺のような無学の人間にも「どうですか」と、ちゃんときいてくれる。何とか盛り上げたいという気持ちになる。

羽鳥　普通、無学なことを出すのは嫌。知ったふりをするのに、一茂さんは知らないことを怖がらないし、恥ずかしがらない。「それっ

はとり・しんいち　1971（昭和46）年3月24日生まれ。埼玉県出身。早大政経学部卒業後、94年に日本テレビ入社。プロ野球中継の実況などを務め、2003年2月から『ズームイン!!SUPER』の司会を担当し人気に。11年3月に同社を退社、フリーアナに転身。オリコン「好きな男性アナランキング」で2連覇（10、11年）を達成した。1メートル82。

て何？」ときくときは、見ている人もきっと同じで疑問に思っている。「よく調べたねえ」と言ったら、（視聴者も）感心してくれている。そのまま一茂さんに接していれば、見ている人の思っていることが分かる。裏表がまったくなく、飾ったことも言わないから、思ったことをそのまま言っても（視聴者に）不快感を与えないんですよ。

一茂　テレビの仕事をする上で（明石家）さんまさんの影響は大きい。野球をやめてから番組にも出させてもらって盛り上げ方を見ているし、付き合っている時間も長い。ディテール（全体の中の細かい部分）がすごい。

羽鳥　何がすごいんですか。

一茂　俺がやっている空手、格闘技というか武道には攻防があり、

ながしま・かずしげ　１９６６（昭和41）年１月26日生まれ。東京都出身。立教（現立教新座）高から立大を経て、右投げ右打ちの内野手として87年ドラフト１位でヤクルト入団。93年に巨人へ移籍し、96年に現役引退。通算成績は３８４試合に出場、打率・２１０、18本塁打、82打点。引退後はタレントに転身し、多方面で活躍中。１メートル81。

攻撃するときと守るときがある。相手がパンチを打ってきたら防御、という具合にね。その（会話の）攻防が速いわけ。さんまさんの会話は相手を一瞬、止める。その返しの速さが普通じゃない。宇宙人レベルで、だれも入れない。合気という、言葉の攻防を持っている人だと思う。

羽鳥　さんまさんへのリスペクトはすごいですよね。『さんまのスーパーからくりＴＶ』（ＴＢＳ系の長寿番組で２０１４年に終了）が終わったときも、「打ち上げで飲むから」と言って堂々と（モーニングショーを）休んじゃうんですから。

一茂　自分は不要、いなくてもいいと思っているからね。クビにしたら得をするのに、スタッフを含めた皆さんが寛大なんだよ。

羽鳥　そんなことはないですよ。休みながらも、同じ番組に出続けているんですから。私の手本？　それは一茂さんです。

一茂　ウソばっかり。

羽鳥　僕はできないですが、思っていることや考えていることをあそこまで言えるようになったら、たぶん突き抜けられる。

一茂　俺みたいにならない方がいいよ。敵を作るからね。

羽鳥　冗談でもテレビで「俺は裏口入学かも」なんて言えないですよ。「カンニングしていた」と言ったり……。出演後、ネットでは「一茂」が急上昇ワードになっているから、（問題発言は）世間に知られている。それでもだれも傷つけないし、自分の評判の範囲内でやっている。そういう物言いは、もう境地ですね。

一茂　羽鳥くんは、そのバランス感覚がすばらしい。俺が言っている毒を中和、緩和してくれる。他でやると、半分くらいはひく。ひかれたら終わりだからね。信頼、安心して、これからもコメントさせていただきます。

羽鳥　一茂さんには、これからもひかずにいきます！

長嶋はドラフト1位でヤクルトに入団。大型内野手として期待されていた。

※1　**玉川徹（たまかわ・とおる）**　レギュラーコメンテーターを務めるテレビ朝日の社員。宮城県出身で、京都大学卒。1989年（平成元年）の入社以来、報道、情報番組を担当。歯にきぬ着せぬ発言のため、視聴者の評判も分かれている。

MEMO

極対談を担当した記者の中で最も楽をしたのは私だろう。相手探しから日程調整まですべて一茂さんがしてくれたからだ。

プロ野球ヤクルトの担当記者になり、一茂番を命じられたのは1992年。幼い頃から年上の新聞記者に囲まれていた一茂さんにとって、私は初めての年下の記者だった。つい甘えてしまう関係は、いくつになっても変わらない。今回も電話で対談企画を打診したところ、交流があるという小池百合子東京都知事や作家の伊集院静氏らを相手候補に挙げてくれた。せっかくの提案だったが、「対談なので、一茂さんがインタビュアーにならない方がいいですね」と生意気にも却下。断られるのを覚悟して、「羽鳥さんと不仲説の真相を語るっていうワイドショーっぽい対談はどうですか」と尋ねると、「わかった、オレが羽鳥くんと話しておいてやる」と快諾してくれた。

対談は、一茂さんがレギュラー出演している金曜日の番組後で調整。テレビ朝日や羽鳥さんの所属事務所に話を通してくれたので、私はどちらにも最低限の説明だけで済んだ。ますます頭が上がらなくなった。（田代）

武豊

騎手

前編

レジェンドはレジェンドを知る

極めたから見える世界がある

数々のプロ野球最年長記録の保持者で、2015年に50歳で現役を引退した元中日投手の山本昌と、競馬界のスター騎手・武豊が、勝負の心構えや実戦経験の大切さを語り合った。勝利にこだわり続け、偉大な記録を残してきた2人が、将来の夢も明かした。

取材・構成＝松永昌也　司会＝福原直英フジテレビ・アナウンサー
写真＝奈良武　取材協力＝ヒルトン名古屋

Kiwami of the Legend

山本昌

元中日投手／野球解説者

2人の出会いは祇園

山本　野球と競馬でスポーツの種類は違いますけれど、精神的なところでは「こうだよね？」なんて話を、普段から2人でしていますね。最初の出会いは、（京都の）祇園に友人と飲みに行ったとき、その店にたまたまいたんですよ。

武　ちょうど（プロ野球の）オープン戦のときでしたね。

山本　そうそう。しかも、（武の）誕生日（3月15日）だったんだよね。

武　そのまま意気投合して、もう一軒、一緒に行ったんですよ（笑）。

――（司会）出会う前の、お互いのイメージはどのようなものでしたか。

武　僕は野球が好きなので、それはもう、中日ドラゴンズのエースですよね。

山本　僕ではなくて、立浪（和義・元中日内野手、※1）のファンだったんですよね。

武　そんな話もしましたね（笑）。

山本　僕のイメージは、競馬のレベル、世間の認知を底上げした人。競馬がギャンブルということを忘れさせてくれた人、ですね。彼の出現で競馬がスポーツになったという認識をしています。馬券は買っていませんでしたが、競馬は大好きで、すごい天才が出てきたって思いましたね。一気にスターダムにのし上がっていったよね。僕は、牛歩のようにだんだんと認知されていきましたが。

――昌さん自身とはステップが違う。

山本昌は数々の最年長記録を残して、50歳で引退。その雄姿は今も記憶に新しい。

山本　いつお会いさせてもらっても、独特の雰囲気を持っていますね。そう思うでしょ？　知り合いの中では横綱の白鵬関やレスリングの吉田沙保里さん、カズさん（Jリーグ横浜FCの三浦知良）、（米大リーグ・マーリンズの）イチロー選手と同じようなオーラなんですよね。他の人は持っていない。僕にはそのオーラが何なのか分からない。おそらく、世界と戦っている人が持つものなのかなと思っていますけれど。

——勝負の世界に身を置くお2人にとって勝利はもちろん、勝てなかった、負けたことについても意識をしますか。

武　勝ち負けにはいろいろな要素がありますからね。自分だけ良ければ勝てるかといわれたら決してそうではないし、例えば自分が駄目でも他も駄目で勝ってしまうときもあるので、勝った負けたより、勝つための準備をする、態勢を整えることが大事だと思っています。こういうときは負ける

んだな、とか、このパターンは負けるんだなって感じるときはあります。

山本　僕は忘れるようにしています（笑）。ありがたいことに、プロ野球は一発勝負ではなく次があるんですよ。来週も再来週も、１年間ずっと続くスポーツをさせてもらっていたので、負けを引きずるより、勝ったときはどういうピッチングだったのかを覚えておいて、そこに近づける努力をします。

武　もちろん負けたときは反省もしますけど、それよりも勝ったときのイメージを大切にしますね。競馬だとゴールしたら終わりですし、試合もゲームセットで終わりですから。そうしたら（気持ちは）次に向かいますよね。

山本　いずれにしろ、また舞台には上がらなければいけないので、引きずっている暇はないんですよ。

好きなものを食べて、好きなものを飲む

——長く現役生活を続けられて、山あり谷ありだったとは思いますが、山のとき、そして谷のときにはどんなことを考えていらっしゃったのでしょうか。

やまもと・まさ　1965（昭和40）年8月11日生まれ。神奈川県出身。日大藤沢高卒。本名は山本昌広。84年ドラフト5位で中日ドラゴンズに入団。93、94、97年に最多勝、94年に沢村賞を受賞。最年長ノーヒットノーラン（41歳1カ月）、最年長勝利（49歳25日）など、数々のプロ野球記録を残して、2015年に現役を引退。通算成績は581試合219勝165敗、防御率3.45。現在は野球解説のほか、講演で全国を駆け回っている。左投げ左打ち。1メートル86、87キロ。

たけ・ゆたか　1969（昭和44）年3月15日生まれ。京都府出身。父は武邦彦元騎手、調教師。弟は武幸四郎元騎手、調教師。87年に栗東・武田作十郎厩舎所属でデビュー。同年に69勝し、当時の新人年間最多勝記録を樹立した。89、90、92～2000、02～08年と計18回の全国リーディングを獲得。JRA3883勝（地方と海外を含めると4053勝）、JRA重賞314勝、GⅠは72勝（2017年4月16日現在）。1メートル70、51キロ。

山本　谷といったらもう、けがしかないですよね。不調で負け続けるよりも、けがで投げられないのが一番つらかったです。不調になったときは、ただ苦しいだけですから。でも、けがをしたときは、ただでは起き上がらないという信念を持っていました。どうせまともな練習はできませんから、それなら普段はできないようなトレーニング方法で体を鍛えて、必ずプラスアルファを持ってグラウンドに帰ってやろうというモチベーションを保ちながらやっていました。いつも、なんとかなるという思いでやってきました。

武　僕もやはりけがですね。それで、乗れないときは辛いですよ。でも、休めるチャンスだと考えて、普段とは違うトレーニングをしたり、見られないレースのVTRをずっと見ていたりと、いつもはそこまでじっくりできないようなことをしていました。騎手は、体

ディープインパクトは2005年のダービーを楽勝。武豊騎手とともに日本の競馬を大いに盛り上げた。

重が全く変わらない人と、太ってしまう人の2種類に分かれます。けがで休んでいたときもそうですけれど、僕は不思議と体重の変動があまりないんですよ。

山本　僕も、自分の中でこの体重というベストの数字はありましたよ。球場に行ってユニホームに着替えるんですが、ベルトをしめたときに体重の変化が分かります。だいたい５００グラム単位で。重くても、また軽くても駄目なんです。

——食事は気をつけていたのでしょうか。

山本　それは全くない（笑）。好きなものを食べて、好きなものを飲んでいましたから。だから、そう聞かれるのが一番困るんです。本当に何にもしていなかったので。

武　一緒です（笑）。食べたいものを食べるし、飲みたいものを飲んでいますよ。

山本　昭和の流れなんですね。新しいことに目は行きますけれど、昔から自分がやっていいものは残すタイプなんです。野球選手だけど試合後にアイシングはしない、とかもね。若かった頃はトレーナーに言われて、イヤだなぁと思いながらもやっていたんです。でも、最多勝を取ったりして主力になったときに、「もういらないよ」って言ったのが20年以上前。そこから1度もしませんでした。

武　一番長くプレーしていた人がアイシングをしていないっていうのは……。

山本　実はね、イチローもアイシングをしていないんだよね。じゃあ、アイシングってどうなの？ってなってしまうんだけれど。仮定の話だけれど、もしやっていたらもっと早く、１９９０年代に引退していたかもしれない。その可能性もあったわけですよ。みんなはいいと思っても、僕には合わない。自分の型があるんですよ。

——騎手の世界ではいかがですか。

武　体重だけですね。あと、騎手は腰痛になりやすいので、そのケアはしています。

緊張感も武器になる

——騎手は週末になると調整ルームでレースを待つ身、いわば拘束されますが、野球選手は自宅なり遠征先のホテルから球場に向かいます。気持ちのつくり方に違いはありますか。

山本　ナイターならホームで午後1時半、ビジターなら午後3時半前には球場に行って試合に臨みます。騎手とは拘束される時間が違いますが、緊張する部分は同じだと思います。僕は結構緊張する方でしたが、逆に言うと緊張感がないといいピッチングができませんでした。足はガクガク震えても手は震えない。そして、動き始めたらどこも震えない。そこは自信がありました。

武　僕も緊張しますよ。でも、嫌いじゃないですね。むしろ、緊張感を味わえているのはいいと思います。緊張するということは、おそらくビッグレースで有力馬に乗る立場にいるということですから。（２０１６年で一番緊張したのは）ケンタッキーダービーですね。でも、すごくうれしい緊張でしたよ。レース前にいろいろ考えるんですよ。「もし僕が勝ったらえらいことになる」って（笑）。21年ぶりのビッグチャンス（※2）で、しかもホームじゃないから緊張しましたね。でも、乗ってしまえば体が動かないといったことはありません。

山本　そうそう。僕も、ブルペンに入ってしまえば大丈夫でした。ある先輩から「現役のときにしかあの緊張は味わえない。引退したら、もうないぞ。いいなぁ、お前ら」って言われたことがあるんですよ。マウンドに上がる緊張感は、一般社会では得られません。これは幸せなことなんだって思えるようになりましたね。全く緊張しない選手は駄目かもしれない。逆に、緊張して手足が震えながらブ

ルペンで投げているピッチャーもいるけど、それも駄目なんですよね。そこは経験です。

武 結婚式のスピーチなどは、あまり味わいたくない緊張感ですけどね（笑）。

山本 確かに（笑）。後輩の結婚式に呼ばれると、必ずと言っていいくらいスピーチを頼まれる。何をしゃべろうかといつも悩んでいます。

武 でも、結局同じようなメンバーになっちゃうから、何度も使えないんですよね。

山本 また同じことをしゃべっているよって言われてしまいますからね（笑）。本当に緊張します。

武 結婚式の、200人や300人の前でスピーチするのは嫌だけど、10万人の前でインタビューされるのはすごくうれしい。あと、歌うのも嫌ですけどね（笑）。

――お2人は新聞の見出しになることも多いと思いますが。

山本 悲惨な負け方をしたり、KOされた週は新聞を見たくなかったね。

武 月曜日とか、見ない日もありますからね。勝つと全紙見たりしますよ。特にサンスポは（笑）。

山本 自分の談話も載っていますからね。それに、例えば相手チームの選手の談話で「きょうの昌さんはもう全然打てなかった」的な話があると、とてもうれしい（笑）。

２人の世界記録とは？

――昌さんは、もう競馬はかなりご覧になっていらっしゃるとのことですが。

山本　オグリキャップが中央で活躍し始めた頃からです。僕は中日ドラゴンズの選手だったので同じ中部圏にある「あの小さい笠松競馬場の馬が何であんなに強いの？」というところから始まって、次がトウカイテイオー。〝東海〟地区の、しかも〝帝王〟だっていう馬名じゃないですか。そこから競馬に注目するようになりました。ちょうどその頃にゲームのダビスタ（ダービースタリオン）が出始めた頃で、ちょっとやり込んでいたんですよ。やり出したら結構はまるタイプで、ダビスタしながら（野球で）最多勝を取ったね（笑）。

武　初めてお会いしたとき、めちゃくちゃ競馬に詳しくてビックリしたのを覚えています。僕が騎乗したことがある馬の血統やレースがスラスラ出てきましたよね。

山本　それぐらい、武騎手が別次元だということなんですよ。今後、破られることがない記録を数多く持っていますから。ギネスブックに登録できる記録もあると思いますよ。実は僕も、申請はしていないけれど、１つのチームで同じ背番号「34」を32年間もつけたという記録があります。

武　生涯獲得賞金なら申請できるかもしれませんね。日本は賞金が高いから。

山本　一番分かりやすいのは最年長記録。だから、65歳でＧⅠを勝ってくれって言っているんです。

僕は15年に勝っていれば世界記録だったけど、達成できなかった。その夢を武騎手に託したいですね。

武 もちろん、トライしたいです。

山本 おそらく、騎手をやっているのが一番なんですよね。これから違うことをやるのにはエネルギーをものすごく使う。僕も、本当は今もまだ野球をしていたかった。肉体的にはきついですよ。でも、グラウンドで汗を流して苦しんでいる方が楽で、それで給料をもらえるんですから。（16年の）1月25日、初めて給料が入っていなかった。高校を卒業してから32年間、ずっと中日ドラゴンズから給料をもらっていたのに、口座を確認したら入金されていない。「辞めたんだった」って改めて思いました。武騎手の場合は、まだまだ元気で技術もある。だから、60歳まではレースで乗っていてくれって思っています。

後編（P．120）に続く……

※1　**立浪和義（たつなみ・かずよし）**　大阪出身の元プロ野球選手。PL学園高校時代の1987年、主将として春夏甲子園連覇。88年にドラフト1位で中日ドラゴンズに入団し、この年、球団史上初の高卒ルーキー開幕戦先発フルイニング出場を果たし、遊撃手として高卒ルーキー初のゴールデングラブ賞を受賞した。その後95～97年に二塁手、2003年に三塁手としてもゴールデングラブ賞を獲得。3つのポジションでの受賞はプロ野球史上初の快挙となった。09年に現役を引退。通算2480安打。現在は野球評論家として活躍している。

※2　**21年ぶりのビッグチャンス**　1995年に、日本馬として初めてケンタッキーダービーに挑戦したスキーキャプテン（栗東・森秀行厩舎、牡、父ストームバード、母スキーゴーグル）に騎乗。初ダートということもあり、結果は残念ながら14着に大敗。優勝したのはサンダーガルチだった。この前年の94年、半姉のスキーパラダイス（父リファール）に騎乗して仏ムーラン・ド・ロンシャン賞で優勝し、海外G1初制覇を達成している。

川淵三郎×倉本昌弘

リーダーの大局観

――組織のためには改革が不可欠

池江泰郎×栗山英樹

すなわち、大谷翔平はディープインパクトである

――指導者の心がまえ

栄和人×佐々木則夫

女子アスリートの指導法

――女子の指導は恋愛に近い?

岩出雅之×古田敦也

選手を動かす組織の力

――破壊しながら創造する

CHAPTER 2

LEADERS

組織とは?　指導者とは?

日本サッカー協会最高顧問

川淵三郎 × 倉本昌弘

プロゴルファー

リーダーの大局観
組織のためには改革が不可欠

Jリーグ初代チェアマンを経て、日本バスケットボール界を改革し、
「Bリーグ」発足に尽力した日本サッカー協会最高顧問の川淵三郎と、
日本プロゴルフ協会（PGA）会長で現役選手でもある倉本昌弘によるグリーン対談。
リーダーとして「改革」に必要なものとは何か語り合った。
ゴルフ愛好家の川淵が、改革を進めるゴルフ界へ具体的な提言を披露。
倉本も人気回復のため、あっと驚くアノ人を担ぎ出すと明かした。

取材・構成＝清野邦彦、浅井武　写真＝矢島康弘　取材協力＝成田ゴルフ倶楽部

若い人のゴルフ離れを防ごう

倉本　川淵さんがバスケットボールのリーグを統合するとき、「解決できるのは僕しかいない」と、あのバイタリティー、やり方はすごかった。「短期間でやらなきゃできない」「ダラダラやったらできない」ともおっしゃっていた。なるほどなと思いました。

川淵　いやいや、それにしてもゴルフ人口がなぜ減っているのかよく分からない。こんなにおもしろいのに。

倉本　若い人のゴルフ離れが激しいんです。（プレー料金が）高い、なかなかうまくならない、友達がいない、というところです。２０２０年から25年にかけて団塊の世代が後期高齢者になります。ゴルフ界みんなで努力しようよ、というのが私の思いです。

川淵　僕らの時代は課長以上ぐらいになってゴルフをするのが夢だった。首都大学東京の理事長時代は、周りにゴルフを勧めて、練習まで付き合った。ゴルフは年を取ってもできるから値打ちがある。

倉本　そうですね。今、20歳になる人たちを対象にゴルフ場なら9ホールがタダ、練習場は1時間タダというのを始めたんですけど、なかなか増えない。それで、５８０校ぐらいの大学で授業に取り入れてもらった。大学体育連合と組んで。3月からはわれわれが先生たちを教えるシステムも稼働しました。

川淵　大学に目をつけたのはいい。今、ゴルフができなくなったら人生がつまらなくなると思う。スポーツ庁長官（就任）の話があったとき、「ゴルフはできるのか」と聞いたら、できそうになかったので、「人生の楽しみをとられてまでやる気はない」という話になった。日本人はまだスポーツを人生の一部としてみていない。倉本さんは世界を知っているし、理論武装できる。今が改革のタイミングだと思う。

倉本　ありがとうございます。しかし、サッカーやバスケ、野球もそうですが、小中学生がやっている底辺の広いスポーツは本当にうらやましい。2015年10月にゴルフ教室を野球教室と一緒にやった。300人が集まりましたが、ゴルフでそれだけの子供を集めるのは至難の業。そのとき聞いたら、レギュラーは1割ぐらいで、みんな補欠。キャッチボールや球拾いしかやらない。「それならゴルフにおいで」と言いたいですよ（笑）。

川淵　日本のスポーツ界は野球なら野球、サッカーならサッカーばかり。子供のうちにいろんなことをやって、そのうち自分の好きな競技をやるようにしないと。コーチがほかの競技に行くことを好まない。でも、松山（英樹）が出てきて多少はプロゴルファーになりたいと思う子供が増えたんじゃない？

かわぶち・さぶろう　1936（昭和11）年12月3日生まれ。大阪府出身。早大サッカー部で活躍し64年東京五輪出場。古河電工でプレーし、現役引退後は日本代表監督などを歴任。91年にJリーグ初代チェアマンに就任。2002年から08年まで日本サッカー協会会長（現在は最高顧問）。15年に日本バスケットボール協会会長就任（現在はエグゼクティブアドバイザー）。五輪予選出場が危ぶまれたバスケット界の改革に着手しBリーグを発足させた。その他、公立大学法人首都大学東京理事長を歴任、日本トップリーグ連携機構会長など。ゴルフ歴35年。ベストスコア70。

倉本　成績的には松山になりたいと目指す子も増えていますが、（子供たちの）ヒーローとまではいかない。石川遼には雰囲気やカリスマ性がありますが。

時間をかけたら改革はできない

川淵　なるほど。倉本さんが望むのはやはり若手の養成、育成に尽きるようだね。

倉本　そのためにはいいコーチをつくること。その人たちがいい子供を育てることで、いいアマチュアが育ち、いいプロが育つ。そういう循環をつくりたい。サッカーには「本田圭佑、長友佑都みたいになりたい」という子供たちがいる。今やっと「松山や石川遼みたいになりたい」という子供たちが増えてきた。彼らプロ選手が頑張れるのは、優秀なコーチがいるから、というのをしっかり訴求したい。

川淵　改革は時間をかけた方がうまくいくなんてことはあまりない。いろんな人の意見を聞いていたら絶対にまとまらない。僕は（バスケのことを）猛勉強して周囲に「バスケのことを死ぬほど考えたやつはいるか、俺に勝てるやつがいたら手をあげろ」と言った。「Ｊリーグを成功させていい気になりやがって」といわれても全然気にしなかった。「嫌われようが関係ない」とたんかを切った。強い信念を持ってやったから周りも僕の迫力に勝てなかった。ただ最初に理解してくれる人が下に2、3人はほしいよね。それはどう？

倉本　（運営方法など学んで）米国から帰ってき

バスケットボールの川淵改革とは

2つが併存していた男子国内リーグの状況や日本協会の不安定な組織運営などを理由に2014年に国際バスケット連盟（FIBA）から制裁を受け、15年1月に外部から招かれた川淵三郎が改革に着手。4カ月間で男子の2リーグを統合して2015年4月1日にBリーグ（ジャパン・プロフェッショナル・バスケットボール・リーグ）を設立した。

たとき同志がいなかった。いろんなことを提案したんですが、選手たちも受け入れる土壌がなかった。

川淵　僕がBリーグを短期間で改革できたのは、たまたまいい番頭役がいたから。僕1人では絶対無理だった。補佐役、専務理事とか2人いると心強い。（改革は）孤立無援になりかねないからね。敵対視されたり、いやな思いはするけど、それを乗り越える強さが必要。引っ張っていくうちについていく方が得、という人が出てくる。

倉本　私は1人ですからね。細かいところまで目が届かない。

川淵　Jリーグのときもタイプの異なる2人の参謀がいた。1人はイケイケドンドンというタイプで、もう1人は総務関係に強くて堅実なタイプ。2人を気に入っていたわけでもないけど、プラスになると思って一緒にやった。イエスマンを周りにおいてもいいことは何もない。

原辰徳シニアデビュー!?

川淵　（国内）男子は好感がもてる若手のヒーローがなかなか出てこない。女子の方は日替わりヒロインが出て応援したくなる。ただ、今はシニアの試合もおもしろいね。

倉本　実は、私は「シニアを大きく扱ってください」と、マスコミに言ったんです。すると、私が

（シニアツアーを主催するＰＧＡ（※1）の）会長になってから、大会が７つ増えたんです。２０１７年は16年より１試合増の18試合。20試合が目標で、それ以上は増やしたくないと思っています。それより、１大会の賞金を上げていきたいんです。

川淵　試合数が増えて、何が悪いの？

倉本　試合が続くとけがも怖いから、賞金が安い大会でいい選手が休むようになる。特に年寄りは。お金を出している側はやっと大会を開催できたのに、そこで選手に休まれると……。興行の矛盾です。

川淵　僕らはただ増えればいいと思っていたけど。なるほど、そういうことを聞くとよくわかる。他（のアイデア）は？

倉本　今、原（辰徳）さん（前・巨人監督）に「どうせ暇ならシニアの試合に出てよ」と声をかけているんです。でも、「自分の実力じゃ絶対無理だから、もうちょっと練習して出ます」と。だから、「出てくれるだけでいい」と頼んでいます。人気もありますし、ゴルフ界にとって、大変いいこと。球界では断トツにうまいですから。

川淵　そうなんですか。

倉本　（原さん）本人は「僕は飛ぶには飛びますけどプロゴルファーとは違う。遊びでは結構いい成績をあげるけど、試合になると全然違います」と言っています。彼の甥っ子の菅野智之（巨人投手）と一緒にゴルフをしたことがあるんですが、

運動神経抜群の血

原辰徳・前巨人監督のベストスコアは「66」。メンバーコースの「クラブチャンピオン」にも輝いた腕前で、2016年4月の「マスターズ」ではテレビ局のリポーターも務めた。甥っ子の巨人・菅野智之投手は小学3年で初めてゴルフクラブを握り、ベストスコアは東海大時代に記録した「72」。

本当に飛ぶし、うまい。肩を壊したらゴルフにおいでといいたいぐらいセンスがある。第2の人生が開けるかもしれない。

川淵　へえ、そう。第2の人生といえば、Jリーグでもセカンドキャリアについて、現役選手に面接したら、考えている者は1人もいなかった。引導を渡されてからどうしようかという選手ばかり。サッカー界からは（ゴルフの）シニア入りした選手もいないね。

倉本　今の日本では短い選手生活で一生分稼いで、そこで税金をいっぱい払って、最後は細々と生活していくしかない。スポーツ庁には選手が納める所得税をなんとかしてもらいたい。

川淵　（原さんのように）野球選手のOBなら、これからもシニア入りする選手が出てきそうな気がするけどね。

倉本　野球選手からプロゴルファーになって活躍したのはジャンボ（尾崎）さんとか数えるぐらいですからね。

川淵　シニアについて倉本さんにアドバイスできることを僕なりに考えたんだけど、ハンディキャップ（※2）をつくったらいいんじゃないかと思う。年を取ってまでバックティーからのハンディキャップを適用する必要はまったくない。新たにハンディキャップを設ければシニアゴルファーの意欲につながる。

倉本　はい。日本の女子はレディースティーでのハンディキャップも増えています。ゴルフ場によってシニアティーも増えていて、昔は（ティーグラウンドの区域を表すマーカーの色が）黒とブルーと白と赤ぐらいしかなかったのが、いま、その間に金とか銀もあります。

川淵　それはあった方がいいね。加えてシニアのハンディキャップがあれば、それを取ろうと思ってゴルフ場に行く回数も増える。そうすれば健康寿命も延びる。年寄りをゴルフ場に呼ぶことが、寝たきりにならない予防になる。そういう国民運動もやればいい。

倉本　そうですね。

ツアーにまつわるお金の話

倉本　日本のサッカーや野球はうらやましいと思います。グラウンドがあって観客席があって、３万人収容なら３万人入るとペイできることです。ゴルフで３万人も入れようとしたら、ほとんどが赤字です。

川淵　それはどうして？

倉本　場内にはトイレなどの施設をおかなくてはならない。２万人入るとして、駐車場だけで４０００～５０００万円。そのほか警備、無料バスの

くらもと・まさひろ　1955（昭和30）年9月9日生まれ。広島市出身。日大時代に「日本学生」4連覇。81年にプロ転向しツアー4勝を挙げて賞金ランク2位。82年に「全英オープン」日本人歴代最高の4位。93年に米ツアーに参戦し、運営方法などを学び、日本ゴルフツアー機構（JGTO）設立に尽力。選手会長は92年から歴代最長の8年間務めた。2014年に現役選手として初の日本プロゴルフ協会（PGA）会長に就任。日本ゴルフ協会（JGA）では五輪対策本部強化委員長。国内通算30勝。シニア通算7勝。1メートル64、66キロ。

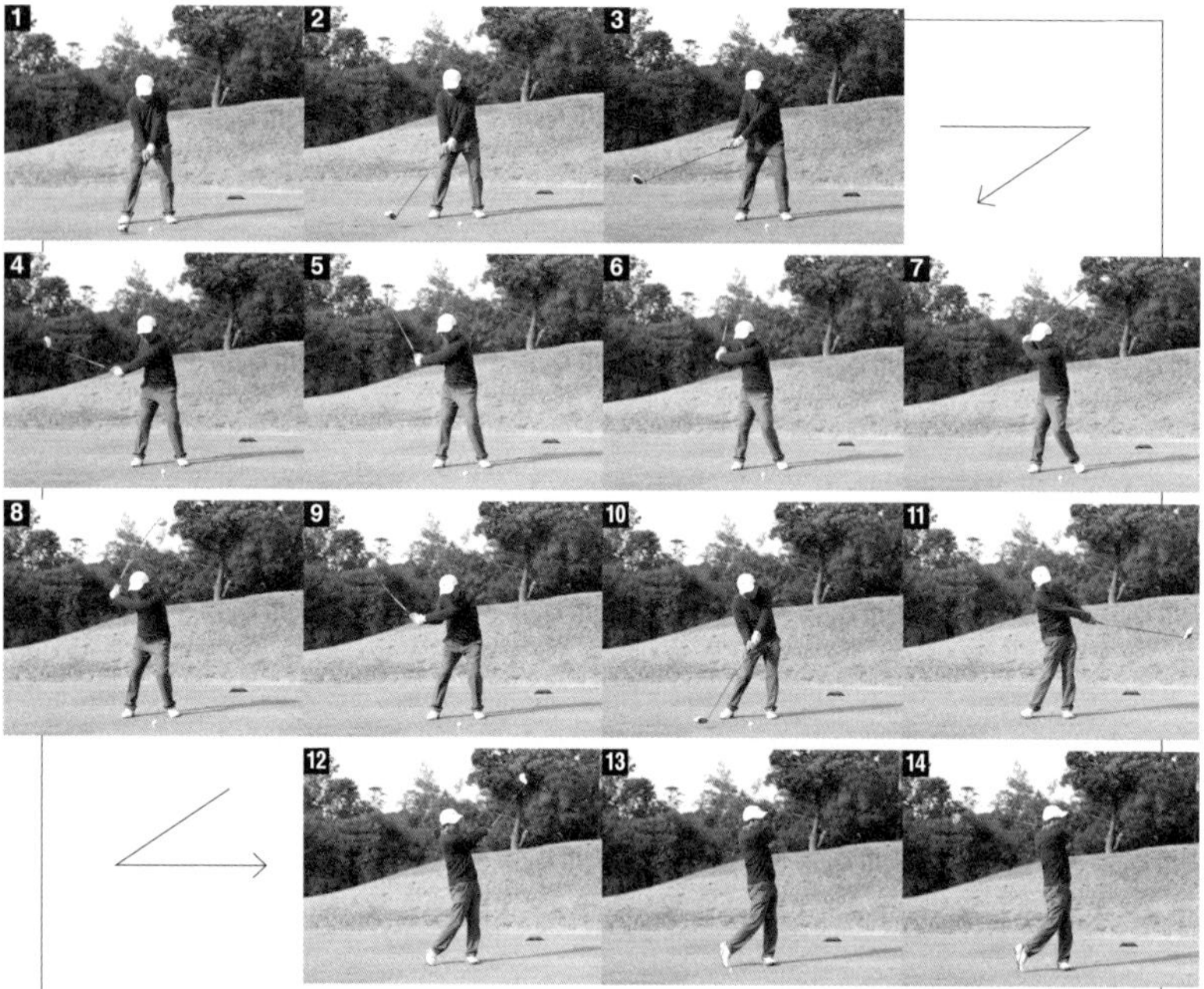

ポパイのワンポイントレッスン

この対談では、倉本によるワンポイントレッスンも行われた。2016年12月に80歳を迎えた川淵はドライバーショットで驚きの飛距離をマーク。ポパイと呼ばれ、飛距離に定評のある倉本は「240ヤードぐらいは飛んでいますよ。ゴルファーのかがみです」と解説した。

ポイント❶　軸が一切ブレず、スイングが力強い。80歳とは思えない力がある。体が先に動いてクラブが遅れて出てくるシーンもあったが、より一層タメをつくって振れれば、もっともっと飛ぶと思う。

川淵「腹筋と背筋。サッカー時代に鍛えた遺産で食っている。倉本さんが一緒だからいいところを見せようと思って……。きょうは初めにいいショットができた。シャンクしてからは、ダフって悪いイメージばかりになってしまった」

ポイント❷　シャンクがでるときは不安要素を打ち消すため、脳に新たな命令をして違う方向に意識を持っていかす。人間の脳は2つのことを同時に考えられないので、不安はどこかにいく。

川淵「それはいい話を聞いた。知っているか知らないかで違う。シャンクが出ないようにあれこれ考えてしまうからね。そんなのを忘れて…、というのがいいのか」

ポイント❸　脳には「否定形」がない。いやだと思っても、（脳は）肯定して（体に）命じてしまう。シャンクをいやがるとシャンクが出るよう命令するので、別のことを意識した方がいい。

川淵「おもしろいね、そういうの」

ポイント❹　グリーンにショートしたシーンがあったが、冬場は飛ばない。アマチュアはいつもと同じクラブで打ってしまう。私（倉本）の場合、夏場よりドライバーで25ヤードほど飛ばなくなる。番手だと1.5番手ぐらい違う。セーター1枚で10ヤード距離が落ちるといわれる。

「きょうの指摘が今後に生きる」（川淵）。川淵のみならず納得の倉本解説だった。

往復などを入れると赤字です。

川淵 それは驚きだな。きいてみないと、分からないもんだね……。

倉本 米ツアーがなぜ赤字にならないかというと、バスが必要なときは、学校に寄付をすることでスクールバスを出してもらう。土日は駐車場としてグラウンドも使わせてもらえる。米国のツアーではホスピタリティーテント（※3）（の使用権）を企業に買ってもらっているのが大きな収入源です。

川淵 そういえば、米国でのサッカーW杯（1994年）のときもホスピタリティーテントはあった。ああいう文化は日本にはないからね。

倉本 そうです。それと今、危機感を持っているのが2020年東京五輪のゴルフです。東京で成功できなかったら、ゴルフ界は浮上の道がない。まして2020年は（ゴルフ人口が）落ち込んでいく24年、25年への曲がり角。五輪というフォローウインドが吹いているので、将来のためにゴルフ界のみんなが一緒になって考えていこう、ということです。

川淵 まあ、自分自身そうだったけど、（改革は）トライアンドエラーでやって、駄目なら次どうすればいいかを考えれば失敗にはならない。日本サッカー協会の会長を退いたとき、「川淵さん、どんなことが失敗だったと思われますか」と聞かれたけど、「僕は失敗したことなんかない」と言っていた。失敗は次に生かせばいいんだから、やらないこ

20年東京五輪は……

倉本はゴルフ競技を国・地域別の団体戦形式で行う提案をしていた。川淵も「五輪ではボールゲーム、チームゲームが勝たないと盛り上がらない。団体競技は国民全体が応援する。ゴルフの団体戦はいいと思う」と賛成していたが、その後に個人戦で実施されることが決まった。女子バスケットについては「米国以外が相手ならどこでも勝つ可能性がある。メダルを取れるんじゃないかと心から思う」と期待した。また、サッカーは男女ともメダル取りが使命とみている。

との方がよほど失敗。倉本さんはいろんなことをしゃべるにつけ、裏付けがある。応援しますよ。2人でがんばっていきましょう。

※1　**PGA（日本プロゴルフ協会）**　トーナメントプレーヤーやティーチングプロの資格認証などを手掛ける団体。倉本氏は1999年にPGAから分離する形で男子プロゴルフツアーを主催する日本ゴルフツアー機構（JGTO）を立ち上げ、選手会長も務めた。2014年にPGA会長に就任した。

※2　**ハンディキャップ**　異なるレベルのプレーヤーが公平に競技を楽しむために考えられた方法。個人の力量を示す数値で、日本では日本ゴルフ協会（JGA）が算出するオフィシャルハンディキャップと、各コースが設定するクラブハンディがある。競技をするときには実際のスコアからハンディキャップを引いたスコアで競う。ゴルファーの多くはハンディが1桁になる「シングルプレーヤー」を目指し、0の人は「スクラッチプレーヤー」と呼ばれる。

※3　**ホスピタリティーテント**　招待客やギャラリーらをコースで歓待するための仮設テント。米国では企業が権利を買うのは寄付行為にあたり税金が控除されるのに対し、日本では接待交際費や広告宣伝費とされ、普及が遅れている。

取材協力＝成田ゴルフ倶楽部　「世界のトップ100コース」に選ばれた会員制名門ゴルフ場。1988年に開場、川田太三氏設計による戦略性に富んだ雄大な丘陵コース（18ホール、7140ヤード＝パー72）と英国のカントリー・ハウスを思わせる暖炉を施したラウンジなどが特徴。2017年9月に日本で初めてシニアゴルフのチャンピオンズツアー「JAL選手権」を開催。東関東自動車道・成田ICから7キロ。
千葉県成田市大室127　☎0476・36・0111

MEMO

川淵さんのゴルフ愛好ぶりには感動した。中でも、娘さんを再びゴルフ場へと足を運ばせた話は秀逸。過去に怒って教えたのが原因でゴルフと疎遠になっていた娘さんに「もう1回やろう」と数年前に説得。「失敗しても褒めちぎって」再開させた。「今では面白くてしようがない」そうで、「娘がゴルフを知らなかったら、彼女の人生の楽しみの1つはなかった」と川淵さん。プレー人口減少に頭を悩ます倉本さんも、今後のゴルフ人気復活のためのヒントを得たに違いない。（清野）

世間に定着している「豪腕」のイメージとは違った。ラウンド中の川淵さんは常に柔和な表情だった。ミスが続いても機嫌を損ねたりはしない。「今日はバンカーの練習だね」などとおどけてみせる。古河電工の名古屋支局時代、取引相手との接待ゴルフが多かったという。そこでパートナーを楽しませる目配り気配りを体得したのだろう。川淵さんのグッドマナーに触れると、ゴルフは男を磨くスポーツなのだと教えられる。（浅井）

元調教師

池江泰郎×栗山英樹

日本ハム監督

すなわち、大谷翔平はディープインパクトである

指導者の心がまえ

競馬でGI7勝を挙げたディープインパクトなどを育てた池江泰郎元調教師と、プロ野球で2016年に日本ハムを10年ぶりの日本一に導いた栗山英樹監督。数多くの名馬を育てあげた名伯楽と、大谷翔平投手を“二刀流選手”として成長させた指揮官が、「育成論」などを語り合った。

取材・構成＝鈴木康之、中田愛沙美　写真＝今野顕

ディープは背中が柔らかかった

栗山　２０１６年1月に社台スタリオンステーション（北海道安平町）を訪れ、ディープインパクトに会わせていただきました。ディープに「勝ち方」を教えてもらいたかったから。２０１６年はチームがディープのように差し切れたので本当に感謝しています。

池江　日本一、おめでとうございます。ディープは筋肉質で、今でも競馬で走れるような体をしています。種牡馬になるとおなかが出るものだけれど、無駄な脂肪がついていない。

栗山　たてがみをいただいて、監督室に飾らせてもらい、優勝したんですよ。

池江　そんな役目をしたとは、ありがたいです。サラブレッドとして、いいものをすべて含んだ馬。作れといわれても作れない。今では、たくさんのディープの子が活躍しています。

栗山　やはりディープは、優れている馬だったのですか。

池江　血統はもちろん、身体能力が優れた馬でした。

栗山　最初にパッと見たときから「これは勝つ馬だ」という感じだったのですか。

池江　サンデーサイレンス産駒の中で、目立つ馬ではなかった。体も大きくないしね。でも乗ったときの背中の柔らかさは抜群。あまりほめない武豊も「先生すごいですね、大仕事しますよ」と言っていました。

栗山　背中が柔らかい、とは？

池江　走っていて、抵抗があっても受け止めてくれる。ゴムまりみたいな馬です。

> **ディープインパクト**
> 2004年秋に池江泰郎厩舎（栗東）に入厩し、06年12月の有馬記念に勝って引退するまで14戦12勝（GI7勝）と活躍。05年に史上6頭目のクラシック3冠を達成。父サンデーサイレンス、母ウインドインハーヘア。引退後は種牡馬として、16年の有馬記念優勝馬サトノダイヤモンドなどGI馬を多数輩出。

2016年1月に社台スタリオンステーションを訪れ、3冠馬のディープインパクトと対面した栗山監督。

栗山　そんなスターホースに、けがをさせられない。難しかったですよね。

池江　競走馬は体を（瞬間的には）1本の脚で支えています。タイミングが狂えば骨折したり靭帯《じんたい》を痛めたりする。幸いあの馬は柔らかさを持っていたので、引退まで大きなけがをしませんでした。

栗山　気性はどうだったのですか。

池江　素直な馬で、人間の言ったことを受け止めてくれる。走りたくてしようがないので、こちらがブレーキをかけていました。

栗山　うちの選手でいえば、大谷翔平はまさにデ

テレビがきっかけ

栗山監督が、北海道栗山町の住まいから車で40分の安平町にある社台スタリオンステーションを訪れたのは、池江がディープの強さについて語ったテレビ番組を見たのがきっかけ。それだけに「ぜひお会いしたかった」と喜んだ。スポーツキャスターの経験もある指揮官は対談の冒頭から、取材者の目に。「逃げの池江」の異名をとった池江から騎手時代の心境を聞き出すと、騎手を志したが身長が伸びて断念した息子の池江泰寿調教師の“成長過程”についても質問。「騎手になれなくても、馬が好きなら調教師を目指す道もあるぞ」と誘ったことなども引き出した。

イープなんですよ。能力があって「試合に出たい、出たい」と言う。出続けるとけがをするから、こちらが止めながら、ですね。ただチームが勝つためには、クセのある選手とうまく組み合わせることが必要。ここ一番のときはクセのある選手の方が大仕事をやってのける。

池江　そう、馬にもクセのある、我の強い馬がいます。調教でなだめるわけです。

栗山　でもそういう馬の方が、やりがいがあったりもしますよね。やんちゃだったけれど、よくやってくれた――という馬はいますか。

個性を伸ばす伯楽術

池江　メジロマックイーン（GⅠ4勝）は我の強い馬でした。ちょっと気にくわないと、とんでもないことをする。それは（息子の泰寿調教師が管理した）オルフェーヴル（GⅠ6勝）も同じ。気難しい馬で、阪神大賞典では2周目の3コーナーで大きく外に膨れちゃって。でも、そこから立て直して2着まで追い上げた。あの脚を見たとき、とんでもない馬だと。

栗山　野球選手に対してもそうですが、一頭一頭の馬の思いとか性格を知り尽くすことが大事なんですね。

池江　個性のある馬が、まともに気持ちを持ってやってくれたら、自分の能力以上の仕事をやってくれます。

メジロマックイーン
1990年から93年に21戦12勝。91、92年天皇賞・春などGI4勝。芦毛の大型馬で長距離を得意とした。武豊鞍上の91年天皇賞・秋では1位入線も、スタート直後に内側に斜行してプレジデントシチー（18位入線）などの進路を妨害したとして、18着に降着。父メジロティターン、母メジロオーロラ。2006年に19歳で死んだ。

メジロマックイーンで1992年天皇賞・春を制覇。

いけえ・やすお　1941（昭和16）年3月1日生まれ。宮崎県出身。59年に京都・相羽仙一厩舎から騎手デビュー。「逃げの池江」の異名を取り、通算368勝を挙げた。78年に調教師免許を取得し、騎手を引退。86年菊花賞（メジロデュレン）でGI初制覇。2005年にはディープインパクトで、牡馬クラシック3冠（皐月賞、ダービー、菊花賞）を制覇した。11年に調教師を定年引退。JRA通算845勝、重賞70勝、GI17勝。

栗山　うちでいうと、中田（翔）や西川（遥輝）ですね。能力が高くて、若くて、一生懸命で。彼らに押しつけは駄目。自分のスタイルを貫いている。そういう選手の西川が、広島との日本シリーズ第5戦でサヨナラ満塁本塁打。本当に感動しました。だからこそ、いろんな方に話を伺って、学ばないといけない。ぜひ先生にお会いしたかった。

池江　巨人の（9連覇を支えたヘッドコーチ）牧野さんが調教師の研修会の講師をしてくれたことがあった。誰にしようと思ったときに、目をのぞいたときに下を向いている子はだめ。にらみつけるようにしている子がいい仕事をしてくれる。自信のある人は、俺を出してくれと、監督に食らいついていく。そういう選手は仕事をしたと聞いたことがあります。おれに走らせてくれ。気迫がないときに、いい結果はでません。

栗山　この子たち、人間みたいに、話せたらいいのになと思うことはありますか。

池江　ここが痛いと言ってくれません。精密検査をして、重傷だと分かるときもあります。下半身が悪いと思ったら、肩が悪かったことも。それでも、競走馬は何か1つ、2つはけがを抱えていますね。

栗山　そうなんですね。

くりやま・ひでき　1961（昭和36）年4月26日生まれ。東京都出身。創価高、東京学芸大では投手。内野手として84年ドラフト外でヤクルトに入団し、2年目に外野手転向。89年にゴールデングラブ賞。90年、体調不良を理由に29歳で引退。通算成績は494試合出場、打率.279、7本塁打、67打点。引退後はスポーツキャスターとして活躍。2011年11月に日本ハムの監督に就任し、指揮1年目の12年にリーグ優勝。16年に日本一。右投げ両打ち。背番号80。

池江　出走できない重傷は別として、軽い傷は年中です。

栗山　野球選手もシーズンに入ると、みんなどこかに痛みを持ちながらプレーしています。

池江　馬は何も言わないですけどね。相撲にしても、包帯を巻いて相撲を取っていますよね。きれいな体で相撲を取っている人は少ない。競馬もそうですよ。

栗山　監督が選手に状態を聞くと、「大丈夫です」と本当のことは言わない。何かできる訳ではないのですが、本当のことを知りたいときもある。でも、馬たちは何も言えないわけですもんね。

池江　そうです。騎手のときも落馬して、あばらとかにひびが入ると1カ月は乗れない。でも、有力馬に騎乗できるなら、痛いと言わずに乗っていましたよ。痛いと言ったら、その馬とはお別れになる。乗りたいと思えば、少々のことは我慢していました。

馬は「環境」を言い訳にしない

栗山　馬と騎手との相性は、技術も性格も関係しますか。

池江　ありますね。馬の気性に合わせて乗るのが騎手。逃げて乗れるあたりの柔らかい騎手なら、先行しながら。腕っ節が強い騎手なら、最後の直線に勝負をかけて乗れる。馬の能力より、騎手のスタイルも必要です。

栗山　馬のよさを出すことがベースになるのでしょうか。

池江　そうですよ。結果を出さないことには。結果を出さないと、調教師も騎手も。

栗山　やはり結果ですね。

池江　結果を出すと、何をやっても通るんです。負けては何を言っても言い訳。ぼくらの仕事はね。

栗山　持論ですが、スポーツ選手のスピード血統

広島との日本シリーズ第3戦で延長十回にサヨナラ適時打を放った大谷翔平を出迎える栗山監督。

は母親のものを受け継ぐケースが多いと思います。馬はどうでしょうか。

池江　やはり、母体にスピードのある方が繁殖牝馬としてはいい。キタサンブラックの母もそう。短距離を走った馬が、いい馬を産みます。

栗山　ぼくが考えていることは、間違いではなさそうですね。うちはお金をたくさん使って選手をとれるチームではない。ドラフトで指名していく中で、いろんな材料を持ち込んで、選手を伸ばすことを考える。もっともっとチームが強くなるため、人間で実験するわけではないですけど（笑）。

池江　運動神経が発達した人から生まれる方が、運動選手としては有利でしょうしね。

栗山　先生は馬が相手なので、僕らより観察力がないとうまくいかないと思います。一番苦しかったことは。

池江　故障などで出走できないまま去っていく馬も多い。申し訳ないと思います。毎年7000頭近く生まれますが、皆がレースに出られるわけではないのです。

栗山　野球もそうですね。毎年7、8人入ってくる。1軍の試合に出てから勝負できるか否かは本人次第ですが、そこまで来られない時には責任を感じます。

池江　出走させないと何も答えがでない。それが大事な仕事です。

栗山　野球は2017年、WBC（ワールド・ベ

ースボール・クラシック）という世界大会があります。外国で自分のレースができる馬とできない馬がいますが、何か要因はあるのですか。

池江　外国の馬はジャパンカップに来て、環境で負けた——とは言わない。日本人はね、環境に慣れていないとか最初に泣きが入る。それが欧米と違いますね。

栗山　僕が質問すること自体、環境が違うとかボールが違うとかいった考えが頭にこびりついているからかもしれません。野球をやるならどこでも一緒、勝負なら負けは負けですね。

池江　最初は競馬界も日本の水を持っていったものです。そうしたら、フランス人に笑われてね。水は世界一フランスがいいところなのに、なぜうちの水を飲ませないのかと。馬も2、3日したら慣れて水を飲みます。当時は食べるものも持っていった。

栗山　そういう感覚は大事ですよね。タフさがないと。最後にお聞きします。先生にとって、馬とは——。

池江　人生ですね。中学を卒業して、すぐこの世界に入って馬しかなかっ

ルーツは中学時代

池江は、器械体操部だった中学時代に教師にすすめられ、宮崎から上京。東京・世田谷区の馬事公苑に入所した。「馬を触ったこともなかった。でも教官には『何も知らない方が教えやすい』と言われました」。家族が競馬関係者で、小さいころから馬に乗った経験が多い他の仲間に比べ、初心者だったことが上達を早めた。「卒業時は一番難しい馬に乗ることになった。乗れば100点満点で卒業。みんなヒヤヒヤしてみていたけれど、乗りこなしてゴール。教官に感謝しています」と懐かしそうに振り返った。

た。やめようかなと思う時期もあったけれど、今が一番辛い時期だと言い聞かせて、我慢してきました。

栗山　僕が野球とは人生――と言うのと、先生の言葉の重みとは全然違う。僕なんて、まだ指導者になって浅い。やり尽くして、俺の人生だ――と言えるようにしていきたいです。

池江　監督はこれから。世界の監督になってもらわないと。

栗山　頑張ります！

MEMO

口ぶりはいつも穏やかだが、馬一筋の職人気質。「馬とは」との質問に「人生」と即答した池江泰郎氏は、信念を貫く勝負師だ。騎手時代は〝逃げの池江〟の異名を取り、調教師としては〝池江流〟と言われるハードな調教で名馬を送り出した。「これでいいと思ったらそこで終わり」。仕事に妥協を許さないそのポリシーは、まさに人生そのもの。2人の対談は、リーダーとして、社会人として、結果を残すヒントが詰まっていた。（鈴木）

対談が行われたのは2016年12月19日。栗山監督が、優勝旅行先の米ハワイから帰国した2日後のことだった。前々から池江氏と対面を希望していただけに「おれが話を回す。聞きたいことが沢山ある」と言ってくれた。取材などで多忙を極める中、事前の準備をしてくれたのだろう。知識の豊富さや、言葉を引き出す話術は取材者として勉強になった。対談後には「大丈夫そう？」と紙面の心配まで。ありがとうございました。（中田）

日本レスリング協会強化本部長

栄和人×佐々木則夫

サッカー女子日本代表前監督

女子アスリートの指導法

女子の指導は恋愛に近い？

栄和人・日本レスリング協会強化本部長と、
サッカー女子日本代表（なでしこジャパン）前監督の佐々木則夫が
本音すぎるトークを繰り広げた。吉田沙保里や伊調馨ら五輪金メダリストを
育てた名伯楽と、なでしこを2011年W杯ドイツ大会で初優勝に
導いた名将が明かした女子選手の指導法とは？

取材・構成＝只木信昭、一色伸裕　写真＝山田俊介　取材協力＝品川プリンスホテル トップオブシナガワ

女子と男子の指導はどう違う？

佐々木　吉田（沙保里）さんとうちの選手が仲がよくて、栄さんも気楽に話しかけてくれる。フランクで、自然体な人格者ですよね。パッとみたら栄さんの方が大先輩ってイメージありますけど。

栄　国民栄誉賞の記念品は、佐々木さんももらったんですか。

佐々木　なでしこが２０１１年の女子Ｗ杯で優勝して、賞をいただきました。チームとしての受賞なので、記念品の化粧筆は私たちスタッフももらいましたよ。

栄　「佐々木さんはもらっている。だけど吉田沙保里と伊調馨の（国民栄誉賞）２人を出した私自身は、まだもらっていない」。これは私の講演会で必ず話す鉄板ネタです。

佐々木　（プロ野球の）長嶋（茂雄）さんと松井（秀喜）さんみたいに、国民栄誉賞は合わせ技（同時受賞）でもらわないとね。

2012年ロンドン五輪で栄は、3連覇を達成した吉田沙保里を肩車した。

佐々木　女子を指導して初めて分かったことは、「これでいいんですか」「あれでいいんですか」と監督、コーチに依存する傾向があり、周囲の評価をやたらと気にすること。ここは男子とは違う。あとは女性は繊細ですよね。千葉での代表合宿中に、女房が結婚指輪をなくしまして。半日休みの日に東京で落ち合って、新しいのを買ったんですよ。次の日、ミーティング中にこうやった（手をかざした）ら「ノリさん、指輪を替えた？」って。ぞっとしたことがある。

栄　男子と比べてやりやすかったですか。

佐々木　以前はアマチュア男子（NTT関東）の監督でした。なでしこのコーチの誘いを受けて試合を見ると、フィジカルはないが、技術や協調性はあるという点でアマチュアと共通していて、自分の指導に合うと感じました。それから1年ほど考えて女子のコーチになりました。栄さんは現役を続けながら指導していたんですか。

栄　B型肝炎で入院して、一時現役をやめた頃、福田（富昭・日本レスリング協会）会長に「いずれ女子の時代が来る。五輪種目にもなるから、指導しろ」と……。今考えると、男子も女子も違いはないような気がするんですよ、本当はね。やり始めた頃は、（女子は）見たくないと思いましたね。でも1人の指導に熱が入って、この技術をコイツに習得させようと思ってやっているうちに、

さかえ・かずひと　1960（昭和35）年6月19日生まれ。鹿児島・笠利町（現・奄美市）出身。日本レスリング協会強化本部長。鹿児島商工（現・樟南）高ー日体大。フリー62kg級で87年世界選手権銅メダル、88年ソウル五輪出場。92年バルセロナ五輪代表を逃して指導に専念し、96年、中京女大（現・至学館大）付高教員に。2003年に同大レスリング部監督。吉田沙保里、伊調馨らを育てた。

ほかの選手が「私たちはいつ見てくれるんだ」みたいな雰囲気になったり、そっぽを向いたりする。意識が高ければ目で盗もうと考えるものですが、そういうこともなく、「私には教えてもらってない」と。（福田会長に）言われたからやっていたところがあって、女子の指導は細かすぎて無理だと、まだ体が元気だったから現役復帰して逃げようとしました。

佐々木　1人に技術指導をしているときに、他の選手が「え、あの選手だけ」という感覚になることはあり得ると思う。でも、それが僕だから。「そんな繊細に、この人も、この人も指導するなんてできないんだよ」と言うようにしています。

女子の指導は恋愛に近い？

栄　そこは共通しているねえ。でも「この子らに世界選手権で金メダルを取らせるために女子の指導をやれと言われたんだな」と理解できてからは、女子も男子も指導法は変わらないと思った。選手たちに好かれる、嫌われる、物わかりのいい指導者になる、信頼関係を生む、そういうことは全く関係なくなりました。ただこいつらを強くするために頑張ろうと入り込めましたね。

佐々木　コーチになって2度目の合宿で、準備運

動の模範演技でふくらはぎを肉離れしてしまったんです。日本サッカー協会の女子委員長だった大仁（邦弥・同協会前会長）さんから、「使い物にならないな、お前はクビだ」って言われた。冗談だったけど、選手が真に受けて、すごく優しくしてくれた。荷物を持ってくれたり、肩を貸してくれたり。「なんて女の子の集団って優しいんだろう」と……。チームとして受け入れてくれました。

栄　僕の持論は「女子の指導は恋愛に近い」。レスリングが好きで教え子が好きで、強くしたい。恋愛の気持ちだと、デートと同じで練習が待ち遠しいし、早く道場に行くじゃないですか。それくらいの気持ちになっているから、いいチームが作れる。かといって、僕は自分の教え子2人と結婚（※1）しましたが、恋愛したら強いかというと、絶対無理ですね。

佐々木　それは選手たちも感じるんですよ。（選手の恋愛事情の）中身の部分は分からないですけど、長く接していると女っぽくなってきたなと感じるときはありますよね。コーチ時代はよく（恋愛話を）耳にはしていたけど、監督になってからはなくなりました。

栄　僕がいつも言うのは、ファミリー的な雰囲気作り。だから教え子で独身の伊調千春と浜口京子（※2）、吉田沙保里は心配ですよ。伊調馨も、35

歳になって独身だったら、教え子２人は国民栄誉賞をもらったけど、結婚はさせられないチーム（指導者）と言われます。

佐々木　うちは澤穂希が結婚しました。「おめでとう」という気持ちが強いですね。

日本の女性に向いているスポーツとは？

佐々木　僕はサッカーは日本女性の特質に合っていると思うんです。本当にコツコツ練習するし、目配り気配りはすばらしい。体が小さくてパワーはなくても、相手のパワーを消し、連係してボールを奪える。レスリングはどうですか。

栄　（日本女性は）向いていると思います。やっぱりコツコツやるし、器用。僕は世界チャンピオンでもへどを吐くくらいのトレーニングをさせながら技術を教える。それで半年、１年たつと体力がついて、技術も習得できるようになる。力がなければ、技を教えても力のあるヤツには（技は）かからない。サッカーも体力をつけながらやっているでしょ？

ささき・のりお　1958（昭33）年5月24日生まれ。山形・尾花沢市出身。東京・帝京高―明大。現役時代はMF、DFとして電電関東―NTT関東（現J1大宮）でプレーし、90年引退。2007年に女子日本代表監督就任。11年W杯ドイツ大会で同代表を初優勝に導いた。16年2月のリオデジャネイロ五輪アジア最終予選で五輪出場を逃し退任。同11月にJ1大宮トータルアドバイザーに就任。

佐々木　男子はハードな練習でヘトヘトになると、もう動けなくなるけど、女子は「もう駄目」なんて言っていても、終わった瞬間に結構、元気なんですよ。きついのはきついのかもしれない。でも余力を残している感じがするんですよね。

栄　ラグビーの選手が「一緒に練習させてくれ」と来たことがあるけど、ウチの女子の体力に勝てない。ジャンプなどは男性の方が高く跳ぶけど、その動きを1時間やったら男はヘトヘト。女性は長続きする筋肉だと思う。外国の女子選手が来て参加しても、すぐに座り込みますから。（その選手の）監督さんが手を引っ張って「もう一回やれ」っていっても「いやっ」とか拒否している。そんなのを見ると（日本の選手との違いに）「はあ？」って思いますね。

佐々木　女子の指導を後輩にアドバイスするのなら「男子を教えるのと同じにしろ」と言いますね。指導し、反省点を感じながら修正していけばいい。根本的なマナーやルールを守らないときはしっかりとしかる。ただ、あるときはしかって、あるときはしからないというのはよろしくない。僕はベースを高くはしないで普通のラインを引くんです。それでそのラインを出たらしかる。

栄　僕は若いコーチを追い込む。「今度の大会で2階級しか（優勝を）取れなかったら（下の毛を）それ」とか。責任を持たせてね。実際にそらせた

卓越した話術で選手が理解するまで説明する。その人心掌握術で世界一の監督に。

こともある。至学館大のコーチで、リオデジャネイロ五輪で（69kg級で金メダルを取った）土性（沙羅）に肩車された志土地翔大ですけど。選手はそれを知っているから、「志土地コーチかわいそう」と、コーチのいうことを聞いて一生懸命やるんですね。

佐々木　サッカーは女性の代表監督が頑張っている国がある。日本の女性もトップ（レベル）で指揮して成果を出すことによって選手たちの希望にもつながってくる。いい経験をしながら（女性の指導者も）成功してほしいと思います。

栄　対人競技で女性がすべてを仕切っているところはないですね。ただ、日本代表でも男子のコーチがいて吉田たち女子のコーチもいる。女性同士でしかできない会話もあるんで、女子のコーチが増えてくれたらいいですね。僕らが言いにくいことを女子のコーチに話して伝えてもらうとかね。実際に吉田はそういう役割で。ミーティングで僕ががーっというと、聞きづらくて何を言ったか分からなくて、選手は吉田に「今、監督何言ったんですか」って聞くそうです。で、吉田が通訳していると（笑）。そういうことじゃないか（笑）。

2016年リオデジャネイロ五輪祝勝パレード。左手前がコーチの志土地翔大、右端が金メダルを獲得した土性沙羅。

※1　**教え子2人と結婚**　1993年に元世界女王の坂本涼子さんと結婚。2008年には世界選手権銀メダリストの怜那さん（旧姓岩間）と再婚した

※2　**伊調千春（いちょう・ちはる）と浜口京子（はまぐち・きょうこ）**　伊調千春は、馨の姉。アテネ、北京の両五輪で48kg級銀メダリスト。浜口京子は75kg級五輪3大会連続出場。アテネ、北京では銅。栄の東京周栄クラブ時代の教え子

MEMO

〝ちょい悪オヤジ〟風のダンディーなスーツ姿で対談の場に現れた渋い2人。聞き手の心を掌握する話のうまさは、夜の世界で女性を引きつける〝プロ〟のような話術だった。

女子アスリートを指導し、世界一へと育て上げた両名将だが、威厳を見せていてもそこは男と女。熟練の指導法を持ってしても女心をつかむのには苦労したという。対談途中からは選手の恋路を気づかう〝親心〟も見せ、世のお父さんたちの共感を呼ぶ内容となった。（一色）

世に名伯楽といわれるお2人だが、タイプは正反対。初めてお会いした佐々木さんは冷静で筋道だった話し方をされ、内容に説得力を感じられた。一方、日頃取材している栄監督は熱い人柄で、話し方も人柄そのまま。その熱意に聞く側はほだされ、頑張ろうと思うのだろう。ただそれだけに、対談記事作成にあたり、栄監督の熱意を文章として読者に伝わるようにまとめるのには記者の力が問われた。言葉の熱、感じていただけただろうか。

（只木）

帝京大ラグビー部監督

岩出雅之×古田敦也

元ヤクルト監督／スポーツキャスター

選手を動かす組織の力
破壊しながら創造する

2017年1月のラグビー大学選手権で8連覇を達成した
帝京大監督の岩出雅之と、プロ野球の元ヤクルト監督でスポーツキャスターの
古田敦也が登場。指導者としての経験を踏まえたスポーツ論、
ラグビー界や球界の変革などで話が弾む。そして、
古田の監督再登板を岩出監督がアシスト!?　さて、どうなる……。

取材・構成＝田中浩　写真＝加藤圭祐

帝京大学、強さの秘密

古田　8連覇おめでとうございます。

岩出　ありがとうございます。運良く、あたふたしながら勝たせていただきました。

古田　今年の戦いは、なかなか大変でしたね。（決勝の東海大戦は）いきなり2つ取られて、0－14で前半の半ばぐらいまで時間も過ぎてしまって。劣勢に立たされた感じでしたね。

岩出　試合は80分間ありますから。野球の〝スミ1〟になればと思っていました。

古田　スミ1って、いや、2トライ2ゴールだと（野球なら）3、4点は取られた感覚じゃないですか。

岩出　3トライ目を取られたら、ちょっと追いかけるのが大変になるなと。2本だけなら、1トライ返せばあと1本で追いつくと気持ちの面でも違ってくるので。

古田　ラグビーの監督はスタンドにいて、ベンチにいる野球と違い、その場その場で指示が出せませんよね。フィールドにいる選手たちが局面に応じて決めていくということですか。

岩出　ゲームの中でどう判断していくかということは、1年間しっかりトレーニングします。試合の一瞬の流れの中では15人全員がコミュニケーションを取ることは時間的に難しい。いかに少人数で伝わるようにできるか、いろいろと感情が揺れ動くグラウンドでどう冷静にプレーを選択するか、「仕込

岩出監督（右）から古田にV8記念Tシャツが贈られた。

み」の段階が大半ですね。

古田　帝京大は1年とか4年とか関係なく、掃除とか片づけも順番でやるそうですね。

岩出　順番ではなく上級生がやります。下級生はサーッと帰っちゃう。〝脱体育会系〟ですね。余裕のない下級生がいかにのびのびできるか、力のない者を温かく思いやりをもって迎えるということで上級生も成長しますし、たくましさにもつながります。

古田　そういう制度設計はできると思うんですが、選手たちに話して分からせないとなかなか難しいことのような気がします。

8年連続の胴上げ。岩出監督率いる帝京大が大学ラグビーをリードする。

岩出　こういうことを特に目指したのはこの10年ですね。10年間、成績も残せるようになって、学生たちも受け入れる力がついたんじゃないかと思います。

古田　帝京大に入る時点で自立しているということもあるんですか。

岩出　いろいろです。最近はトップリーグのチームに勝たせてもらったりして、「すごい集団」というイメージで（入部への）敷居が高くなったというか、以前なら入ってくれた選手が、本当に自信がないと来てくれなくなった。難しい問題です。ただ、どんな選手でもウチに来れば伸びますから。

古田　それは素晴らしい。

岩出　勝てていないときは、さまざまなものが整っていない。選手たちの考え方や力量、組織としての力、何よりぼくが未熟だったんです。今でも未熟なところがたくさんあって、完成したとは思っていないんですが、最初の10年と今では、ぼくの余裕が違います。

エンタメに負けないために何ができるか

古田　プロ野球は興行なんで、お客さんが来ないとスポンサーもつかないし、テレビもなくなるし、人気を維持するためにはファンに「野球って面白いな、見に行きたいな」と思わせないといけない。娯楽が多く、情報も簡単に入る時代に、野球を他のエンタメに負けないようにするにはどうするかを考えないと。

岩出　昔のお茶の間では、必ず巨人戦のテレビがついていたというイメージがありました。

古田　野球さえやっていればたくさん人が集まる、テレビを観てくれるという時代じゃなくなりました。スタジアムに足を運んでくれたファンの方々が「また来たい」と思わせるように、他の娯楽と戦っていかないといけない。まだやることはたくさんあるんじゃない

古田が再び監督としてグラウンドに立つ日はいつ？

ふるた・あつや　1965（昭和40）年8月6日生まれ。兵庫・川西市出身。川西明峰高から立命大ートヨタ自動車と進み、88年ソウル五輪で銀メダル。90年ドラフト2位でヤクルトに入団。2年目の91年に打率.340で首位打者。93、97年にセ・リーグMVP。ベストナイン9度、ゴールデングラブ賞10度受賞。2005年に通算2000安打を達成。06年に29年ぶりの選手兼任でヤクルト監督に就任。07年シーズン終了後に退任し、現役も引退。15年に野球殿堂入りした。右投げ右打ち。

かと思います。

岩出　われわれの立場としては、学生スポーツということで興行にはなっていない。またラグビー独特の伝統を守ろうとする部分もある。何を壊すかですよね。一番壊しやすいのは伝統じゃないですか。ラグビーはこうあるべきというところを生かしながらも、変えていかないと。

古田　壊すというのは難しい作業ですよね。野球界でいえばＮＰＢ（日本野球機構）がリーグマネジメントをしないで各球団任せにしている。球団に任せている間は、親会社の都合でチームを手放すということが何年かに1度は起きてしまう。

岩出　僕の浅い知識ですが、ＭＬＢ（米大リーグ）もリーグじゃなくてチームコントロールなんですよね？

まとまって、パワーをつくっていく方法を持たない

球界再編問題
2004年、オリックスと近鉄の合併構想が表面化し、日本プロ野球選手会、ファンが猛反発。当時、選手会長を務めていた古田は、球団オーナーらとの対話を求めようと奔走。05年からの新規球団参入を要請してNPBと数度の交渉を持ったが、約束が得られなかったことで04年9月18、19日の2日間、日本プロ野球史上初のストライキを決行。このストを受け、2日間の再交渉で新規参入に合意。05年に楽天が参入し、12球団制が維持された。

といけない時代になったんじゃないかと。

古田　日本は今、12球団でやっていますが、リーグ側がまだ野球の普及していない地域にプロ野球を持っていって、チームを増やすんだというぐらいに運営してもらいたい。そのためには、リーグはこういう指針をもってプロ野球を成り立たせていくんだというものを示さないといけない。

古田監督待望論

岩出　ところで古田さんは、ラグビーをやるとしたらどのポジションがいいですか。

古田　体型的にもSOかな。FWほど大きくはないし。ともあれBKだと思います。

岩出　身長はどのぐらいですか。

古田　1メートル81です。

岩出　ちょうどウチの（SO）松田力也と同じぐらいですね。

古田　岩出監督にも、ぜひプロ野球の監督をやってもらいたい。人を自立させ、人を生かすということを体現されて、ずっとやってこられている。

いわで・まさゆき　1958（昭和33）年2月21日生まれ。和歌山・新宮市出身。新宮高から日体大に進み、FLとして3年で大学日本一。4年では主将を務めた。滋賀県教員に採用され、中学教諭、教育委員会に勤務し、29歳まで現役。88年から7年間、八幡工高監督として7年連続花園出場。96年に帝京大監督に就任。帝京大スポーツ医科学センター・医療技術学部スポーツ医療学科教授。

今の若い選手は（他競技の）情報を入れたいという意欲もありますから。

岩出　客観的にみて、野球からラグビーに転向した選手はいい選手が多いんです。日本のスポーツの中で、野球選手の運動能力はトップクラスでしょう。ラグビーにももちろん、運動能力が高い選手はいますが、パーセンテージは野球と全然違う。

古田　自分に関していえば、プロ入りしたときに、周囲は能力的に自分より優れた人ばっかりで「これでは生きていけない」と思いました。先読みして待ち伏せするしか勝ち目はないと考え、傾向と対策、そこは勉強しました。

岩出　そこに野村（克也）監督の教えも加わった。

古田　川上哲治さんが「ボールが止まって見えた」とおっしゃっていましたが、野村監督は「止まって見えたらそれで打て」というのが持論で、「俺は止まって見えたことがない。ボールが速かったり、曲がったり、落ちたりするんだから、やみくもに振っても打てない。相手の傾向をつかみ、待ち伏せして打て」とよくおっしゃられていました。

岩出　古田さんがいつ監督に戻られるのか、私も楽しみにしている1人なんですが。

古田　いやー、それは分からないので（笑）。ぼくも（野球界の）外に出て10年。いろいろなものを吸収することで人間の幅を広げたいと思っていました。その節は、キャンプでの講義をぜひお願いします。

岩出　そのときは、ヘッドコーチの補佐の補佐のカバン持ちぐらいやらせていただければ（笑）。

メガネつながり

古田といえばメガネがトレードマークだが、実は岩出監督もメガネの愛用者。15年ほど前、両目に白内障を患い、日差しの強い日中などはサングラスが必需品。色の濃さが違うものを数本持っている。ブランドは999.9（フォーナインズ）。4万円前後する高級品だ。
もう1つの必需品がタブレット。スタッフから贈られたというA5サイズほどのもので、4年ほど使っているという。試合前の相手の情報分析データはもちろん、試合中のスタッツや、選手のGPSデータなどを瞬時に収集。8連覇を支えたアイテムだ。

MEMO

この企画が持ち上がったとき、ラグビー関係者で最初に頭に浮かんだのは岩出監督だった。大学トップチームの指導者というだけでなく、自身が講義を持っているスポーツ心理学や、スポーツビジネスなど豊富な知見を披露してもらえるのではないかと思い、打診した。さて、対談相手は誰にと考えたときに、監督からのご指名が古田氏だった。

2016年秋にBS放送で共演。お互いに関西出身で波長が合ったのかもしれないが、そのときよりさらに深い話を聞けたのではないか。キャスターとして活躍されている古田氏は、聞き手として巧みに岩出監督の話を引き出してくれた。こちらが対談の道案内をする必要がなかったぐらいだったが、しかし待て、それでは対談にならない。古田氏に語ってもらうならやはり、球界再編問題を端緒にした野球界、スポーツ界の改革という部分。再びプロ野球の監督に就任したときは、キャスターとして得た知識は大きな武器になるのだろうなと感じた。

対談終了後、岩出監督がポツリともらした。「(大学選手権で)8連覇してなかったら、この話は断ろうと思ってましたよ」いやいや、それは……。ともあれ、無事に終わってよかった。

(田中)

Kiwami of the Legend

—— 後編 ——

元中日投手／野球解説者

山本昌
×
武豊

騎手

レジェンドはレジェンドを知る
極めたから見える世界がある

選手と騎手の〝セカンドキャリア〟

——武さんは、普段から〝セカンドキャリア〟の話は一切しませんよね。

武　考えていませんからね。

山本　それでいいと思います。調教師は弟（武幸四郎元騎手）がこれからやってくれる。

武　僕が調教師になる気がないっていうことが、幸四郎にとってはプラスだったと思います。やはり武家でどちらかは調教師に……っていう思いはありますから。でもよく受かりましたよ。ビックリしました。

山本　相当勉強したんでしょう。２０１７年から開業できるの？

武　１年間は技術調教師としていろいろな厩舎で勉強して、開業は18年ですね。

山本　当然、栗東だよね。

武　そうだと思います。

――昌さんは先日、初めて栗東トレーニングセンターに行かれたと聞きました。

山本　本当に感動しました。

武　すごく寒い日だったんですよね。

山本　テレビ局のスタッフも、芸人の方も、皆さんダウンジャケットを着ていたんですけど、僕だけこれと同じ格好。でも、全然寒くなかった。興奮しまくりで（笑）。

――16年はユニホームを脱いだ最初の年だったわけですが、競馬関係の仕事はいかがでしたか。

山本　ＧＩや重賞でプレゼンターをやらせてもらったり、いろいろありましたね。「競馬が好き」と言っておいてよかったです。

武　ありがたいことですよね。

山本昌、もう1つの伝説《レジェンド》

――馬券もよく購入されている。

山本　馬券に関しては泣き言を言わない。自分の小遣いでやって、家計には影響しないようにしていますし、自分なりの買い方がありますよ。

武　以前、（グリーンチャンネルの）『競馬場の達人』に出演されたときはすごかったですよね。

山本　あのときは「１００万円は絶対にプラスになって帰ってやる」って思って、うまく達成できましたね。いろんなサインが出ていたんですよ。

――と、いいますと？

山本　京都競馬場でプレゼンターの仕事が入っていたので、前日に到着してメインレース（15年みやこS）の馬柱を見ました。そうしたら③、④番枠に母の父ラグビーボールという馬がいて、ちょうどラグビーが流行していましたし「まだその父の名前が新聞に載っているんだ」って驚いて。それに、〝34〟は僕の背番号ですから。①番枠にはローマン〝レジェンド〟。②番枠にロワジャルダンがいて、実は以前、その半弟のショコラブランの一口出資を狙っていたことがありました。さらに、⑤番枠にはJRAで32戦している馬（エーシンモアオバー）がいた。僕は現役生活32年。迷わず、①番から⑤番までの5頭ボックスになりました。それが、3連単②→④→①で18万390円の配当。ボックスでは200円だったけれど、実はロワジャルダンから1頭軸マルチで400円買っていて、全部で600円分当たったんですよね。

――1つのレースの予想と結果を、これだけ熱く語れるというのはすごいですね。

山本　その日、他にも10万円超えを2本当てました。番組で10万馬券を3本当てたのは僕だけじゃないかな。

――参考にしているものはありますか。

山本　調教です。特に新馬戦の場合はスローペースで末脚勝負になりやすいので、坂路やCWコースの追い切りでラスト1ハロンが12秒5を切っている馬を基準にします。人気は関係ありません。

――他のレースはどうですか？

山本　例えば小倉の1200メートル戦では､前走から距離を短縮してきた馬を買います。2015年、小倉で膝から崩れ落ちたときがあったんですよ。3連単1頭軸で買っていたのだけれど、直線で自分が中心に推した馬と10番人気と13番人気が抜け出してきて、その3頭で決まったら〝700万馬券〟で、300円買っていた。そうしたら、最後に1番人気の馬がすごい脚で伸びて2着に入って、軸馬が4着……。しばらくうずくまっていました（笑）。

――最近は、いわゆる〝一口馬主〟に出資されていると聞きました。

武　頭数がどんどん増えていますよね。

山本　妻にする言い訳がだんだんなくなってきて、大変なんですよ（笑）。

技術はどんどん伸びる

――いずれは「一口」ではなく、オーナーになることは考えていますか。

山本　もちろんありますよ。それで、武騎手に乗ってもらいたい。夢ではありますけどね。だから、これからもずっと頑張ってもらいたいんです。実は、最終登板や引退試合でも使ったグラブが今、武騎手の手元にあるんだよね。

武　家にきたらみんな見ていきますよ。それで、現役最後のレースで使うムチは「昌さんに」っていう約束をしています。

山本　それは65歳になってからでもいいから、とにかく長く乗ってもらいたい。技術は今が最高だと思っている部分があると思うんですよ、僕もそうでした。若いときにこの技術があったらもうぶっちぎりだな、毎年最多勝を取れるぞっていうくらいの自信が、引退するときにはあったのです。

武　僕も若い頃に今ぐらいの技術、経験があったら……と思うことはあります。例えばホワイトマズル（※1）で（94年の）凱旋門賞に参戦したのですが、あのチャンスを今、欲しいと思います。

山本　今なら勝てそう？

武　本当に、そう思います。フランスでの騎乗経験も浅かったですし、コツっていろいろあると思うんですよ。

山本　コツって〝その場〟なんですよ。今は説明できないけれど、対戦したことのないバッターでも、1球ファウルボールを打ったところを見ただけで「インコースは駄目だな」とか急に頭に浮かんできます。分からないままやるよりも、分かっていてやった方が成功する確率は高い。若い選手よりも失敗が少ないんですよ。

――昌さんからみて、16年に武豊騎手が騎乗したレースの中で一番印象的だったのは。

山本　ジャパンカップですね。馬場の悪いインを走ってきて、直線もそのまま行くのかと思ったら、馬場の真ん中の一番いいところに、他馬の邪魔をせずに切れ込んでいって。「会心なんだろうな」って思いました。あれはちょっとスローペースに落としたんだよね？

武　でも、ペースを落とし過ぎたら他の馬にかぶせられたりして外に出せなくなりますからね。条件はそろいましたが、確かに会心でした。

山本　今、さらっと簡単に言いましたよね。「ペースを落とし過ぎるとかぶせられちゃう」って。そういうところが経験、コツなのだと思います。

外からの景色

――先ほど凱旋門賞の話がでましたが、武さんはかなり早い時期から海外競馬に参戦していました。昌さんは自分から海外にという考えはあったのでしょうか。

山本　僕はアメリカ留学でドジャースに行って開花した人間ですが、中日ドラゴンズに恩義を感じていましたからね。

セ・リーグ優勝は何度もありましたが、日本一にはなっていなかった。それで、日本でプレーして何とかチームを日本一にしたいという気持ちがあった。07年に53年ぶりに日本一になったんですが、もし巨人や西武のような強い球団で何度も日本一になっていたら、アメリカに行きたいと思ったかもしれません。達成したときはもうチャンスはありませんでしたが、これで良かったと思っています。

――実際、引退してスーツ姿で観戦する野球というものはどうでしょうか。

山本　全く違いますね。まず驚いたのが守備隊形。「えっ！　こんなに変わっているの？　打者によってこんなに動いているのか」ってビックリしました。特に、外野がかなり前進して守っていましたね。こんなに前に来ていたら「楽に外野を抜かれるに決まってるじゃん」っていうくらい。マウンドから見ると、そうでもなかったんですけどね。現役のピッチャーはみんな、スタンドに見に来たほうがいいよ。

武　そうなんですね。面白いですね。

山本　もっと低めに投げないと駄目だって思いましたね。九回裏2アウト二塁とか、僕もそういう立場になったことは多々あるけど、みんな、もっと危機感を持った方がいい。高めに投げたら、もう終わりだから。

――試合の流れもありますからね。

山本　流れという意味では、16年の日本シリーズは、たった1つのプレーでいろいろ場面が大きく変わりましたね。押しているチームがミスして入れ替わって、それが試合中に何度もあって。両チームともミスが多かった。「あっ、流れが変わるな」って読みやすいシーソーゲームで、面白かった。

――騎手の場合、流れというのは。

武　土曜日にいきなりポンと勝つと気分がいいですよね。でも、結果が全部つながるわけではないので、いい方に取ります。土曜日に1つも勝てなかったら「じゃあきょうかな」とか、都合良く（笑）。

山本　あるある。3、4試合投げても勝てないときは「もうそろそろだろ」とかね。

武　自分ではどうすることもできない枠順だとか、そういうところでツイてないなぁと思うときはあります。

山本　騎手って中止がほとんどありませんが、野球はよくあるんですよ。そういうときは都合よく理解していました。特に名古屋で中止になったとき、きょう投げていたら負けていたな、だから中止になったんだなって。

危険なスポーツ？

武　天気にも左右されますね。自分がというよりは、騎乗している馬が、ですが。

山本　そういうのって、やっぱりあるんだね。ところで、よく言われる「背中がいい」ってどういうこと？

武　乗り心地のことですね。やわらかい走りで衝撃が少ない。走り方はいろいろありますよ。ダートに向いているとか。

山本　全部分かっているのがすごい。騎手は馬券を買ったら駄目っていうのも納得しますね。

山本昌（左から２人目）が１口所有するアルアインは2017年の皐月賞に優勝。馬主としても強運だ。

武　でも競馬って難しいですよ。
――ご自身が乗っていないレースで、やっぱりこれが強いとか、思った通りの結果になるものでしょうか。
武　ならない（笑）。騎乗していないときはジョッキールームでみんなでレースを見ているんですけれど、だいたい３コーナーあたりから「あれが勝つ」とか、誰かしらボソボソ言い出しますね。４コーナーになるとそれぞれが口にするんですけど、だいたい全員外れます（笑）。
山本　そういえば、騎乗していて怖いって思ったときはありますか？
武　事故に対しての怖さは、もちろんあります。実際、落馬で大けがをしていますし。でも一番危ないのは、怖さがない、怖さを知らない騎手なんです。そういう騎手とはあまり一緒に乗りたくないですね。
山本　自分に怖さがないから、他人に対しても怖さがない。むちゃするもんね。

武　「オレは恐怖心がありません」っていう人こそ、本当に危ない。競馬の事故は周囲も巻き込まれますから。恐怖心は持つべきですね。

山本　ピッチャーライナーは来るものと思ってやっていたけど、1度スネに食らったときは球が見えなかった。投げた瞬間に何かが光ったみたいで、気付いたら当たっていた。そのまま車イスで病院に行ってレントゲンを撮影。とんでもなく腫れていたから「これは折れたんじゃないか」って医師に聞いたら「こんなにすごいスネの骨、初めて見ました。ビクともしていません」って言われました（笑）。

――選手が夢中になってやっているところはファンとして見たいけれど、本当に夢中にやっていて事故になったら大変ですからね。

山本　レースの道中とか怒鳴り合いになることもありますか。

武　声を出すときはありますけど、クラクション代わりですね。

山本　ゲートでたまに入らない馬がいるでしょう。先に入っていると、やっぱり早く入れよって思ってしまうものなの？

武　あります（笑）。でも、見ていて入れ方が下手な騎手もいるんですよ。それは、ああしろとかこうしろとか言います。それが新人の場合などは「すいません、すいません」って何度も言いながら入れて、レースが終わってからも謝りにきますよ。

山本　でも、それは基本がしっかりできていていいね。昔の方が上下関係が厳しかったじゃない。あいさつしても「あいさつできんのか」って怒られたり。誰かにぶつけたら、ぶつけ返されるし……。

武　ずるいことをしたら、絶対にずるいことをされると思っているので、僕は一切やらないようにしています。

山本　プロ野球ではたまに聞く話ですが、僕の場合、デッドボールをわざとぶつけたことがないんですよ。コントロールが良かったので、（打者を）のけぞらせようと思ったときに厳しいコースにしっかり投げられていた。だから、デッドボールを食らったこともない。

武　それもあるんでしょうね。選手を長くやっていられた理由に。

山本　今はそういうこともなくなりましたね。今の選手たちは、そんなところで争わない。しっかり技術で争っていますね。

――そういう意味では、30年前の野球、競馬と今の野球、競馬はまた違いますよね。

武　変わりましたね。

山本　歩いてきた道が似ているんだよね、競馬と野球で種目は違っていても。今の選手たちは、僕らよりもしっかりしているところがあるし、頭がいいなって思うところはあ

る。ただその反面、足りないところもすごくある。ちょっといびつな感じもするんですよね。

武　騎手でも、最近の若手は技術はありますが、ドライすぎるという感じもします。

山本　感じるところは同じですね。

若手はもっと聞きに来い！

武　情熱的なものなのか、例えば、僕がまだ若かった頃に移動するときに偶然、先輩ジョッキーと車が一緒になったら、少しでも話そうとかいろいろ聞きだそうとかしたものですが、今の若手はずっとゲームをしていますからね。隣で平気でやっています。ちょっともったいないなぁ、と思いますね。もちろん、全員ではないですけど。

山本　若手からすれば恐れ多いと思うかもしれないけれど、聞かれれば普通に教えるんですよ。

武　来られるのは全く嫌ではないです。

山本　僕なんて、他球団の若手からもバンバン聞かれますよ。「昌さん、こういうときってどうしてました？」とか。「俺はこうしてるよ」って。もっと聞いて自分の引き出しにしたらいいのにと思う。

――どうでしょう、自分たちのレベルまで来いってひっぱり上げる感じですか？

山本　疑問があるなら聞いてくればいいっていうだけです。結局、教えても、やるかやらないかはその選手の責任であって、僕らはコーチでも何でもないですから。

――そのあたり、若手を育てたいという気持ちはありますか。

山本　投げることに関しては、世界に行っても負けないと思っていますし、ピッチングの基本はひとつしかありません。教えるためには勉強もしなければいけないでしょうけれど、いずれはやってみたいですね。

――武さんはこの先、昌さんにムチをプレゼント（引退）したとして、その先に騎手を育てたいという思いはあるのでしょうか。

武　よく、さまざまな記録を持っていて、これは破られないみたいな雰囲気で言われるんですが、そんな気はあまりないんです。むしろ、破るような騎手が出てこなくてどうするんだ、僕がいつまでも持っていては駄目でしょ、って思っています。

登録名へのこだわり

――今、昌さんが注目している騎手はいますか。

山本　それはもう、この方（武騎手）ですよ（笑）。競馬新聞を見るときには、真っ先に名前を探しますから。

武　17年3月に「武豊」から「武」の一文字に表記が変わったんです。幸四郎（武幸四郎騎手）が引退して武が1人になるので。

山本　ＪＲＡでは〝登録名〟とか使うことはできないの？　実は、連続で最多勝を取ったとき（93、94年）に、当時もう1人、山本保司っていう選手がいて、僕の登録名は普通に本名の山本昌広。スコアボードには「山本昌」って出ていました。ただ、96年に彼がトレードで中日からロッテに移籍して山本姓が僕1人だけになったとき、一旦は「山本」に戻ったんだけど、その次の年のオープン戦、豊橋球場だったんだけど、ファンの声がスタンドから聞こえてきた。「先発の山本って誰？」って。〝え～っ〟て思いますよね、2年連続でセ・リーグの最多勝取ったりしているんですけど……って。これはマズいと、すぐに球団に相談しました。そうしたら、イチローがすでに登録名でやり始めていたこともあって「お前も登録名にしてみるか」と言われて「山本昌」になりました。

武　ＪＲＡはどうでしょうねぇ。カタカナにしたら、騎乗依頼がいっぱい来るって、若い騎手は言ったりしますけど（笑）。

山本　そういうのがあってもいいよね。でも武豊は「武豊」だよ。「武豊独占インタビュー」が「武独占インタビュー」ってなったら、寂しいもん。

武　僕は「武豊」ってフルネームの方が好きなんです。

山本　だったら、ＪＲＡに騎手会から言って、初めての例になったらどう？　ファンもそっちの方が

キタサンブラックは2017年の天皇賞・春も圧勝。武豊騎手を背に国内最強を証明した。

絶対にいいと言ってくれると思う。

武　言ったらやってくれるんでしょうかねぇ（笑）。それなら、藤田菜七子も「藤田」より「菜七子」の方が絶対にいい。ファンにも分かりやすいと思いますよ。

山本　騎手の人気が出ることで競馬自体が盛り上がるから、新たなファンを開拓する意味でもぜひやってほしいね。

武　競馬はエンターテインメントですからね。それこそ、ミルコ・デムーロが漢字になってみたり（笑）。面白いと思いますよ。

――昌さんは「山本昌」がもう定着しています。

山本　96年から「山本昌」でやっていますからね。

――では最後に、17年はお2人にとって、どんな年にしたいと考えていますか。

武　16年は海外で勝つことができましたし、キタサンブラックの存在も大きくて充実感はありましたが、数字的には物足りなかった。17年は、もっと勝ちたいですね。

山本　僕は1人で馬を持ちたいですね。将来的な夢としては、武幸四郎厩舎に馬を預けて、武豊騎手に騎乗してもらうことです。

武　そのときは、ぜひよろしくお願いします（笑）。

※1　**ホワイトマズル**　（牡、父ダンシングブレーヴ、母フェアオブザファーズ）。1990年3月21日、英国生まれ。92年にデビュー。93年GⅠ伊ダービーを含む17戦6勝の成績を残し、94年の米GⅠブリーダーズCターフ8着を最後に引退、日本で種牡馬入りした。産駒にはイングランディーレ（天皇賞・春）、スマイルトゥモロー（オークス）、シャドウゲイト（シンガポール航空インターナショナルC）、アサクサキングス（菊花賞）、ニホンピロアワーズ（ジャパンCダート）といったGⅠウイナーがいる。2016年に種牡馬を引退し、現在は余生を過ごしている。

MEMO

山本昌さんと武豊騎手。野球と競馬の違いはありますが、どちらもレジェンドと呼ばれる大きな存在。担当が決まってから、この対談がどういった化学反応を起こすのか、楽しみでなりませんでした。

取材当日はちょうど名古屋競馬場で地方統一GⅡ名古屋グランプリの開催日。武豊騎手はケイティブレイブ（2着）に騎乗したあとでの合流でしたが、あいさつするやいなや、すぐさま競馬談義がスタート。山本昌さんの知識は生半可な競馬記者では太刀打ちできないほどでした。激戦の疲れなどみじんも感じさせない武豊騎手とのやりとりは、どんどんヒートアップしていきました。

2人は対照的で、例えるなら動と静。マウンドでの真っ向勝負さながらストレートに熱く語る山本昌さんに、レースで他馬の動向を把握して流れにうまく乗るように、相づちを打ちながら嬉しそうに聞き入る武豊騎手の気遣い。その場の居心地の良さは、2人はもちろん、記者も含めて時間を忘れてしまうほどでした。たぶん、時間の制限がなければ、3時間も4時間も続いていたことでしょう。

この対談を担当できたことは、記者冥利に尽きます。感謝するとともに、ぜひとも第2回があってほしいと心から願うばかりです。

（松永）

大林素子×藤田菜七子

競技に生きる"女子力"とは?
——いいプレーを見せてこそプロ

羽川豊×野村弘樹

レフティー"あるある"
——クラブセットは店に１つだった、後ろ姿でアイツは左と分かる

木村庄之助×井野修

「勝負を裁く」技術
——井野「審判は黒子じゃない」、庄之助「行司は相撲をみるな」

VE

CHAPTER 3

PERSPECTI

勝負の遠近法

バレーボール元日本代表／スポーツキャスター

大林素子×藤田菜七子

騎手

競技に生きる“女子力”とは？

いいプレーを見せてこそプロ

バレーボールの元日本代表でスポーツキャスターの大林素子と、
JRA（日本中央競馬会）で16年ぶりに誕生した女性騎手の藤田菜七子が、
美浦トレーニングセンター（茨城県）で対談。年の差だけではなく、
身長差も大きい2人が、“女子力トーク”に花を咲かせた。
先輩女性アスリートのアドバイスに菜七子騎手は熱心に耳を傾けた。

取材・構成＝千葉智春　写真＝佐藤雄彦

アスリートにはオシャレも大事！

大林　騎手になってもうすぐ1年。どうでした？　注目されて、レースに出て、勝って……。

菜七子　本当にあっという間で、怒濤《どとう》の1年でした。でも、充実していましたね。

大林　きょうも朝は調教？　いろいろな馬がいるんですよね。

菜七子　1頭1頭、全然違いますね。すごく勉強になります。

大林　牧場とかで馬に乗るとき、怖がっちゃいけないと言われるけど……。

菜七子　人間が怖がっていると、（馬は）すぐ落としにかかりますよ。

大林　大変よね。私たちの場合はチームで連係して、ボールをどう操るか。自転車など道具を使うスポーツがあるなかで、生き物が関わるというのは私には未知なのよ。

菜七子　私もまだ分からないことばかりです。でも、ボールを扱うのも難しいだろうなあと思います。

大林　今のボールは革の張り方や重心がメーカーによって違うから、手に当てた瞬間にどう動くか分からないの。そこが難しいからモノにできた人が勝ち組になる。

菜七子　そんなに違うものなんですね。

大林　でもバレーボールよりも生き物が相手のほうがきっと大変よ。毎週、毎週がレースだけど、プライベートでは何かできた？

菜七子　休みの日はあるので。夏前に、厩舎の先輩たちと茨城の竜神大吊橋にバンジージャンプに行きました。電車で東京にもすぐ行けるので、気分転換もできます。

大林　お化粧して、オシャレな洋服着たり？　普段は、こう（ジャージー姿）だもんね。

菜七子　はい（笑）。休みの日ぐらいはちゃんとしたいと思います。

大林　普段やレースでは、お化粧は全くしないの？

菜七子　レースが終わるたびに顔も洗いますから。でも、地方の女性ジョッキーの方はメークされている方もいらっしゃいますね。バレーボール選手の方はどうですか？

大林　日本では全然しないかな。やっぱり汗で落ちちゃうから。でも、海外は違う。イタリアのセリエAにいたとき「何でモトコは（化粧を）しないの。私たちはプロ。いいプレーを見せるのはもちろんだけど、容姿やコメントも大事。商品としての価値も上がるから、美しくしなきゃ」と言われたの。日本ではあまりやっちゃいけないようなところあるでしょ？

菜七子　考え方の違いもありますしね。私の場合は中央競馬の所属なので（女性の）先輩があまりいなくて……。今度、地方のジョッキーの方にも聞いてみます。

おおばやし・もとこ　1967（昭和42）年6月15日生まれ。東京都出身。高校バレーボールの名門・八王子実践高卒業後、日立に入社。95年にはイタリアセリエA・アンコーナに所属し、日本選手初のプロとなる。日本代表のエースとしても活躍し、五輪には3度（88年ソウル、92年バルセロナ、96年アトランタ）出場した。97年に引退。現在はスポーツキャスターのほか、講演や芸能活動も幅広く行っている。国内A級ライセンスを持っているように、モータースポーツにも造詣が深い。1メートル84。

大林はバレーボールの日本代表のエースとして活躍。五輪にも3回出場した。

大林　きっと化粧をするキッカケがあったと思いますよ。先輩はいるけど、今は菜七子ちゃんが（JRAの女性騎手の）第一人者になっているじゃない？　菜七子ちゃんの言動がこれからの当たり前というか、スタンダードになっていくと思う。私自身、先駆者みたいな立場で、ブルマーをハイレグにカットしたりしたのよ。

菜七子　えっ、そうだったんですね。

大林　ポニーテールのリボンを赤にしたり、できる限りの邪魔にならないオシャレをした。あとに続く人がやりやすくなるから。

菜七子　すごく勉強になります。

大林　菜七子ヘアとか、ちょっとしたオシャレが今度は菜七子ナントカになるんじゃないかな。マスコミの人たちがつくってくれるでしょう。

菜七子　アハハ。

大林　応援してもらえるのはいいことだから。でも、変なことをしたら叩かれるからね。

菜七子　そうですね。気をつけます（笑）。

身体づくりはまず栄養！

大林　トレーニングは、どんなことをやっているの？

菜七子　体幹を中心としたトレーニングですね。体重は軽い方なんですけど、増やせないので、体重を維持したまま必要な筋肉をつけています。

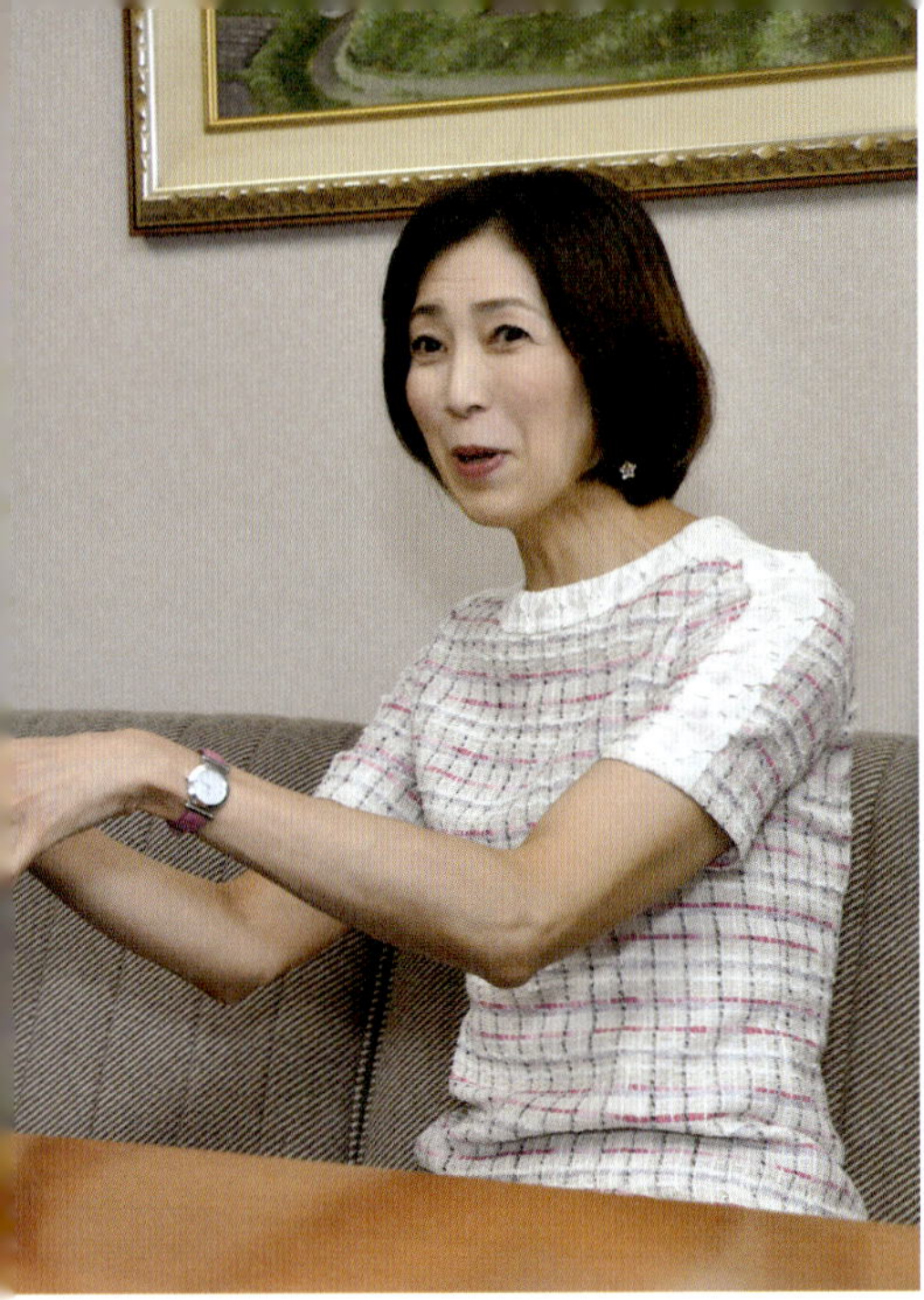

大林　トレーナーについて？
菜七子　はい。まだ始めたばかりですけど。
大林　何が必要かとか、いろいろ聞いた方がいいよ。体のどの部分で何が足りないとか、自分でもある程度分かるだろうけど、教えてもらうのもすごく大事だから。あと、食生活も大事よ。
菜七子　確かにそうですね。今は寮生活ですし、特に意識しないで食べています。
大林　太れないから、あまりグルメ感もなさそうだもんね。でも栄養学は大事。何を食べたらいいかと分かっているだけで違うから。
菜七子　やっぱり栄養は大事ですよね。
大林　今は特にね。私たちのときは寮母さんが計算して、タンパク質を多く吸収できるように（肉の）赤身を取るとか。野菜をたくさん食べるために鍋にしようとかね。生野菜はあまりよくないから。
菜七子　そうなんですか？
大林　うん、（体が）冷えちゃうから。ただ熱を入れることによってビタミンが損なわれることもあるし、加熱して良くなる野菜もあるの。エノキは1回、冷凍するとエキスが出るとか。そういうことを知っておくと、外食でも注文するときに役に立つわよ。特に女子だし、普通より動いているぶん鉄分が必要になると思う。

菜七子　栄養については勉強されたのですか？
大林　食べている間に聞かされていた感じかな。今は五輪強化選手など、いろいろなスポーツの人が集まるナショナルトレーニングセンターがあるから、機会があったら（菜七子騎手も勉強になるから）行ってみたらいいと思う。食事はすべてカロリー計算がされている。これから体が変わっていく年齢だし、太らないためにもいい食べ物を取らないと、負担も大きくなるわよ。科学的な根拠に基づいて、いかに勝てるかという時代になっているから、栄養学も知っておいたほうがいいわよ。
菜七子　はい、行ってみたいです。今は寮なので自炊はできないですけど、いずれ一人暮らししたとき、栄養面を考えながら料理できればと思います。
大林　私は高校1年、15歳のときから合宿所で寮生活。食事は当番の下級生がマネジャーと一緒に朝食とお弁当を朝の7時半くらいまでに作らなきゃいけなかった。だから食べ物の意識はその頃から身についていたかな。

大林素子、現役時代の練習量

菜七子　練習はきつかったですか？
大林　高校時代からきつかったわね。全日本にも入っていたし。日立に入社してからも朝6時50分から練習。ただベストな状態で練習に臨みたかったから、朝練の前に1人で20~30分、体を動かすようになった。でもそれを知った後輩が5時半、5時から（練習を）始めるようになって（笑）。体育館はコートが2面しかないから、取り合いになるわけ。一番早い人は4時くらいからやっていたかな。

菜七子　すごく早いですね。

大林　レギュラー組はコートでサーブ、レシーブ、他は外でランニングを8時まで。それから朝食を取ってミーティングして、10時半~12時半まで練習した後、体育館で昼食。その後は掃除や洗濯をしてから1時間くらい体を休めることができた。レギュラー以外は3時から練習開始。1時間後にレギュラーが合流して、7時くらいまで練習して、さらにウェイトトレーニングを1時間。全体練習が終わったあとに、1時間くらい、個人練習もしていた。全部終わって寝られるのは11時ぐらいだったかな。私たちのころは1日10時間くらい練習をして、水も飲んじゃいけないような時代だったのよ。

菜七子　すごく厳しいですね。

大林　苦しいけど、気合や精神力が鍛えられたんだと思うわ。

菜七子　大変だったんですね。今の話を聞いていて私の生活はまだ楽なのかなと思えてきました。

勝負の世界で日々を送る藤田菜七子騎手。女性ジョッキー代表として飛躍が期待される。

私は朝5時半くらいに厩舎へ行き、6時半くらいに馬に乗り始めて、終わるのが10時過ぎくらい。そこから午後2時〜3時までお昼の休憩があるので寝ることができます。午後は厩舎作業とか、その週に乗せてもらう各厩舎にあいさつ回りをしますね」（トレセンの馬場開場が午前7時の場合）

大林　営業回りみたいな。

菜七子　そうですね。また調教に乗せてもらうためにも必要なことだと思ってます。当たり前ですけどそういうことが大事だと、この1年で十分に分かりました。

菜七子、2017年の抱負

大林　実力ありきだけど、あいさつや話をちゃんとできることはホントに大切よ。その後は帰れるわけね？

菜七子　トレーニングをしたり、誘われれば、食事に行ったり……。

大林　武さん（武豊騎手）とはアスリートの集まるパーティーとか

ふじた・ななこ　1997（平成9）年8月9日生まれ。茨城県出身。美浦・根本康広厩舎所属。小学6年生のときに馬のかわいさに目覚め、騎手を志す。2016年3月3日に川崎競馬で初騎乗。同5日に中山競馬2RでJRAデビューを果たす。同24日に浦和競馬3Rで初勝利。6Rにも勝ち、JRA女性騎手として初めて1日2勝を達成した。4月10日に福島9RのサニーデイズでJRA初勝利。16年の成績はJRA294戦6勝（地方63戦8勝）。1メートル57.4、45.6キロ。血液型A。

で会うんだけど、すごい紳士ですよね。離れた席にいても必ずあいさつに来てくれる。彼はたくさんの記録や道を作ってきた人だから、行動ひとつが指針になっている。それでいてちゃんとしているから、あれだけみんなに愛されるのでしょうね。

菜七子　はい、本当に尊敬しています。普段は関西の方で乗ってらっしゃるので、あまり話す機会がないですが、会ったときは緊張して自分からは何も聞けませんでした。馬に乗っているときはライバルの馬として全然気にしませんけど、馬を下りると緊張します。「何でも聞きにおいで」と言って下さっていますが……。

大林　たぶん男同士だと言わないことも、言ってくれたりするのよ。男女差があると、何か言えてしまう部分があるから。

菜七子　どんどん聞いてみたいと思います。

大林　いろんな人の意見を聞くのがすごく大事。それでいてブレないように。情報量が多いほど、自分が先輩になったとき、後輩とかに「このパターンは教えられる」となるのよ。今は何でも吸収できる時期だから。それに何をするにも初めてで楽しいはず。去年は海外にも行ったんだよね？

菜七子　はい、アブダビ（ＵＡＥ）に。今度、マカオに行きます。

大林　今の時代、アスリートは遠征時にＤＶＤプレーヤーとかを持っていくのよね。映画を見たり、試合を振り返ったり……。気分転換になるみたい。レースの映像はよく見るの？

菜七子　スマホのアプリで見られるようになっているので、「こうすればよかった」とか考えますね。

大林　いい時代よね。昔はＶＨＳのビデオをみん

菜七子の騎手生活

藤田は土日にＪＲＡのレースに騎乗。火曜から金曜は早朝から調教に騎乗し、午後は厩舎回りとトレーニング。騎乗依頼があった場合、全国各地の地方競馬に乗りにいくこともある。基本的に休日は月曜日だけ。オフは先輩と食事に行ったり、ショッピングで気分転換をしたりすることもあるが、最近は自分の部屋でのんびりしていることが多いそうだ。

なで見ていたんだから（笑）。レース前も乗り方をイメージしたり？

菜七子　勝ったときのレースを見て、乗り方を考えますね。

大林　でも難しいよね。走るのは馬だから。乗っているときも、こんなはずじゃないってことあるでしょ？

菜七子　この馬が逃げるから、2番手で、と考えていても、ゲートが開いたら「全然、逃げないじゃん！」ということがありますから。

大林　バッチリ！　ということもあるでしょ？

菜七子　ないですね。勝ったときも「もっとこうすれば……」と考えます。満足した騎乗は全くないです。

大林　先が読めないところが競馬の魅力なのかもね。だからこそあんなにたくさんのファンがいるんでしょう。

菜七子　はい、競馬は夢があると思います。ギャンブルとしても、もちろんスポーツとしても。私たちは勝負の世界にいるし、結果を残さないといけないです。ただ乗るだけじゃなく、しっかり結果も。3月になれば、また後輩がデビューしますし。

大林　女性ジョッキーの第一人者として、負けないように頑張らなきゃね。

菜七子　去年（2016年）もたくさん乗せていただきながら、思っていたような結果を残せませんでした。今年は結果を残せるように、大事に乗っていきたいです。

大林　学んだことは絶対、経験値になっているから、自信を持ってね。これから憧れられる、目標とされるジョッキーになっていくんだから。

菜七子　励みになります！

MEMO

この出会いが、藤田菜七子騎手のジョッキー人生における夕ーニングポイントになりそうだ。女性騎手の代表として、どう歩んでいくか、1つの方向性を提示された気がする。

大林素子さんには初めてお会いしたが、女性アスリートの第一人者として活躍してきた風格を感じた。その言葉にも当然、重みがある。女性ならではの化粧や身だしなみに関しては、菜七子騎手も熱心に耳を傾けていた。男社会ともいえる騎手という仕事の中では、相談できる相手も多くない。次に続く女性騎手の指針として「菜七子ちゃんの言動がこれからのスタンダードになっていく」という大林さんの言葉は心に響いたのではないか。

騎手として1年。スポーツ選手として体づくりの面でもまだ手探りだ。そのうえで大林さんは培ってきた栄養学の知識を交えて、女性アスリートだからこその食への意識を語っていた。藤田騎手も改めて、食生活の大事さを学んだようだ。対談後に屋外での撮影に向かう際、料理の話をしながら2人が仲むつまじく歩く姿が印象的だった。年の離れた妹の成長を見守るような大林さんの視線。菜七子騎手がどのように飛躍していくのか、記者も楽しみにしたい。

（千葉）

プロゴルファー

羽川豊×野村弘樹

元プロ野球投手

レフティー“あるある”

クラブセットは店に1つだった、後ろ姿でアイツは左と分かる

テーマは「左利き」。プロゴルファーでレフティーの羽川豊と、
元プロ野球投手でサウスポーの野村弘樹が
10人に1人の割合ともいわれる左利きの特徴や、それぞれの
競技での有利・不利、あるあるネタに至るまで語り尽くした。

取材・構成＝稲垣博昭　写真＝戸加里真司

最初からつくられたレフティーとサウスポー

野村　僕は、つくった左なんですよ。箸も書くのも右。子供の頃、星飛雄馬（※1）に憧れて、投げるのを左にかえたんです。父親が左利きで、「野球では投手、一塁手、外野手しかできないぞ」と言われました。

羽川　星飛雄馬の影響とは、変わったサウスポーだね。ゴルフでいえばミケルソン（※2）に似ているね。彼は右打ちだった父親のスイングを鏡のように見ながら練習していて左打ちになった。

野村　羽川さんは？

羽川　何でも左。ゴルフを始めるまでは野球をしていて、左投げ左打ちだった。プロ野球選手になりたくて、王貞治さん（ソフトバンク球団会長）や高橋一三さん（※3）に憧れた。左のグラブが少なくて、最初に買ってもらったファーストミットで全部こなしていた。

野村　僕は三塁手もやりたかったんです。併殺とか格好いいじゃないですか。でも、（星飛雄馬の）

はがわ・ゆたか　1957（昭和32）年12月8日生まれ。栃木・足利市出身。高1でゴルフを始める。専大時代に「日本学生」4連覇。80年にプロ転向。81年「日本オープン」などレギュラーツアー通算5勝。82年「マスターズ」15位。2008年からシニアツアーに参戦して、11年「PGAフィランスロピーシニア」などシニアツアー通算3勝。2016年4月から母校の専大ゴルフ部の監督に就任した。左打ち。1メートル80。

消える魔球を投げたいという方が勝ってしまった。バカですよね。

羽川 右でも投げられるの？

野村 右投げでも普通に30〜40メートルのキャッチボールができます。

羽川 左利きなのに三塁手をやったことがあるんだよ。うまく裁けるんだけど、不利だと思った。

野村 僕もリトルリーグでやったことはありました。

初出場のマスターズで羽川は15位。レフティーと攻撃的なプレースタイルがパトロン（ギャラリー）から愛された。

羽川 ゴルフは左利きでいいことが1つもなかった。昔はクラブセットは店に1セットあるかどうかだし、手袋も練習場での打席もない。レッスン書も右と左を読みかえていた。ゴルフを始めたきっかけは、中学2年の後半から肘を痛めて先発から抑えになって、野球がつまらなくなった。そうしたら高校1年のとき、実家がゴルフ練習場を開いたんですよ。オープンした4月29日からずっとゴルフをやってます。当時はゴルフなんて見たことも、ゴルフボールを触ったことすらなかったので、右がいいのか左がいいのかなんて分からなかった。

野村 僕はブルペンで左投手を一切見ないで、右投手

指導法も左の感性

羽川はシニアツアーに出場しながら母校・専大のゴルフ部監督を、野村は桜美林大野球部のコーチを務めている。「いくつかヒントを与えて、打たせてみてどうか、という指導をしている。自分で嫌な感覚があったらやめた方がいいとも言っている」と羽川。2016年11月の明治神宮大会準優勝に貢献した野村も、「何年も投げてきているので、フォームはいじらない。イメージを変えさせることはあります」と強調。ともに感性を重視した指導をしている。

を参考にしていました。鏡の前でシャドーピッチングをすると右投げで映るのでイメージしやすかった。

羽川　ハサミも左利き用がなかった。缶切りも右利きの人は手前に引くけど、左は押さないといけない。（電車などの）自動改札も、切符を入れたり、プリペイドカードをタッチしたりするところも右側。でも、その状況に慣れているから気にしないし、負担にもならない。それが左の感性なのかな。

レフティーのメリット／デメリット

野村　捕手から「左投手は感性だ」とよく言われました。右投手はテークバックをこうして、ああしてと理詰めっぽい。左は感性、イメージですね。フォームもタイミングとかは考えますけど、腕や肩の位置なんかは気にしません。

羽川　基本があるなかで、自分のものを大切に追求していくのが左利きかもしれないね。そういった意味では機転が利くのかもしれない。でも野球は左打者が絶対に有利でしょ。一塁に近いんだから。イチローさんがあれだけの数字を残せたのは左だからで、右だったら出せていない。

野村　左は打ちながら走り出せますが、右は打ってから走る方向が逆ですからね。右打者とは教え方まで違ってきます。

羽川　ゴルフコースは、右利き有利にできているといわれるけど、関係ない。止まっているボールをドローで打つかフェードで打つかだけだから。ただ、コースの設計者も右利きが多いから、右打ちのスライサーを意識してバンカーの位置などを考えてはいるだろうね。

野村　実は、ゴルフを始めたときは左打ちだったんです。ゴルフを始めたのは１９８０年代でしたが、やっぱりゴルフクラブもなかったですね。ゴルフコースの有利不利があると聞いてましたが、まっすぐ飛べば一緒だと思ってました。オフの約2カ月しかプレーしないから、ダフったときに左手首が痛くなるし、左肘に響くような感触もあった。けがをしたらやばいと思って右打ちにかえたんです。

羽川　それは、かなりスイングが悪かったね（笑）。利き腕でゴルフすると、どこかを痛めるんですよ。右利きの人が右手で打ちすぎると、振り切りがすごく悪くなる。右利きは左手でクラブを振り抜くほうが絶対いい。体が開いて楽でしょ。そういうスイングの方がいいんですよ。

野村　（何度も素振りをしながら）本当ですね！

羽川　ジャンボさん（尾崎将司＝右打ち）も右手じゃなく左手のリードが大切だと言って、左手でハゴミントン（羽子板でバドミントンをする）をやって左手を鍛えていた。右脳と左脳があるでし

最多勝と日本一に輝いた野村はレフティー独特の感性を大切にしてきた。

ょ。利き腕じゃない方を鍛えることで、脳も活性化されるし、感性も磨かれる。

レフティーあるある

羽川　左利きは結構、無謀なことをするよね。海外のギャラリーは逃げている（安全策をとる）選手には誰も拍手をしない。マスターズの15番（パー5）で海外選手が刻むところを2オンを狙っていく。全然届かず、グリーン手前のクリーク（小川）へ転がってボールが入りましたから。レフティーは珍しかったし、自分は刻むゴルフをしなかったから声援がすごかった。「レフティー！　レフティー！」と呼んでくれた。

野村　確かに「結果なんて知るか」って投げることも多かったです。思ったところにいくかは、投げてみないと分からないですから。それと一緒で打ってみないと分からないということですね。今でも左でゴルフがしたいんです。左用クラブをそろえて練習したんですけど、情けないくらい全然駄目でした。

羽川　じゃあ、ゴルフは右利きですよ。

野村　スイングを見てもらうと「左利きだろ」と言われるんですよ。

羽川　左利きは、開き直る選手が多いかもしれないね。ミケルソンやバッバ・ワトソン（※4）も刻まない。野球でも、左利きの人はガンガンいくタイプだと思う。そういえば、（左利きは）歩くときに左肩が下がっているよね。

野村　下がっています。僕もそうで、歩き方や後ろ姿を見ただけで「アイツは左だ」と分かります。かばんを左肩にかけると落ちてきます。

羽川　周りはみんな右だから右肩が本当は下がっていると思うんだよ。でも見慣れてしまっているから分からない。逆に左肩が下がっていると、左利きだと分かる。キャディーバッグを右利きは左肩にかけて、左利きは右肩にかけろと言われます。

野村　僕は効き目が左目ですが、羽川さんは効き目も左ですか？

羽川　右目ですね。ゴルフは目線が大切なんです。効き目によってスイングが変わるんです。たとえば、右打ちで効き目が右目だったら、スイングでは頭が残ってダウンブローに打ちやすい。逆に左目ならターフ（芝）を取らずにアッパーブローになる。だから効き目によってスイングが変わることを知ってたほうがいいです。

野村　食事の席も、僕は一番左に座らされます。

のむら・ひろき　1969（昭和44）年6月30日生まれ。広島県出身。87年に大阪・PL学園高で春夏連覇を達成。88年ドラフト3位で大洋（のちの横浜、現DeNA）入団。93年には17勝を挙げ最多勝を獲得するなど、2桁勝利を通算6度マーク。2002年に現役引退。通算成績は301試合に登板し、101勝88敗、防御率4.01。引退後は横浜で投手コーチなどを務め、現在は野球評論家。左投げ左打ち。1メートル81。

「お前、左だよな」とか言われて。端に座らないと肘が当たったりするからですけど、面倒なときもあります。

羽川　端に座ることは多いけど、気にしない。右利きの方が、左利きかを意識しているよ。

野村　初めてゴルフを一緒にした人から、「野村さん、左だっけ」と嫌な顔をされたこともあります。「僕、右で打つんで」と答えたらホッとされました。左ってウザいんですかね。

羽川　左利きはティーグラウンドで背中に同伴者がいるときは、人から遠いほうにティーアップするから周囲の人のことは気にしてない。軽井沢で「レフティゴルフ協会」（※5）が世界大会を開催したとき、練習グリーンでは全員が左でパットをしていた。普段は右打ちしか見ていないから、「この光景は変だな」と、すごく違和感があった。自分たちは（右利きの人から）そう見られているのかもしれないね。

野村　周囲の目は気にせずに、左利きにしかない感性を大事にしていきたいですね。

羽川　左利きを誇りに思って頑張っていこうよ。

※1　星飛雄馬（ほし・ひゅうま）　野球漫画『巨人の星』の主人公。左投げで、大リーグボールと呼ばれる架空の変化球が武器。消える魔球は2号。

※2　フィル・ミケルソン　米国出身のゴルファー。左打ちで、米ツアー通算42勝は歴代9位。メジャーは「マスターズ」3勝（2004、06、10年）など5勝。1メートル90。

※3　高橋一三（たかはし・かずみ）　巨人9連覇を支えた左腕エース。沢村賞2度受賞。日本ハムにも8年在籍。通算595試合登板で167勝132敗12セーブ、防御率3・18。2015年死去（享年69）。

※4　バッバ・ワトソン　米国出身のゴルファー。左打ちで独特なスイングが特徴の飛ばし屋。2012、14年「マスターズ」制覇。米ツアー通算9勝。「でかい奴」を意味するバッバはニックネームで、本名はジェリー。1メートル91。

※5　日本レフティゴルフ協会　左利きゴルファーの親善を目的として1994年に設立。初代会長は元・巨人監督の川上哲治で、羽川は特別顧問。全日本大会が毎年開催されており、世界協会もある。

MEMO

初対面とあって、話が弾むのか危惧していたが、会った瞬間から意気投合。冒頭から、「レフティーのあるあるネタ」で大いに盛り上がった。

約1時間の対談後、ゴルフが大好きで年間60ラウンドするという野村氏が〝延長戦〟を志願。質問も用意してあり、シニア入り後も飛距離が伸びているという羽川氏から即席レッスンを受けた。飛ばしのコツなど参考になる助言は多かったようだ。

野村氏の真剣な表情からは、ゴルフをうまくなりたいという気持ちがビンビン伝わってきた。羽川氏も「野球界の人は身体能力がすごい。50歳になってもプロゴルファーより飛ぶから、シニアツアーに出てもらって、楽しくプレーしてほしい」とラブコールを送っていた。

PL学園高入り前、すでに野村氏は週4日トレーニングジムに通い、腹筋は連続500回をノルマにしていたという。1969年生まれでシニア入りとなる50歳にも近い。平均スコアが80台で、調子が良ければ70台もたたき出す腕前。対談を機に野村氏にはプロゴルファーの道を目指してもらい、羽川氏と同じ舞台に立ってほしい。

（稲垣）

立行司

木村庄之助×井野修

日本野球機構審判技術委員長

「勝負を裁く」技術

井野「審判は黒子じゃない」、庄之助「行司は相撲をみるな」

戦前、戦後を通じてプロスポーツの発展を担った大相撲とプロ野球には、ときに黒子、裏方といわれながら名力士、名選手とともに歩み、勝負を裁く「行司」と「審判」がいた。立行司の第29代木村庄之助と日本野球機構（NPB）・井野修審判技術委員長が、瞬時の判断の難しさや、土俵とグラウンドでの逸話を語り合った。

取材・構成＝奥村展也、芳賀宏　写真＝戸加里真司

行司と審判の違い

井野　先輩の審判からよくいわれていました。行司さんの動き、足さばき、立ち位置をみて勉強しろと……。

庄之助　行司は勝負をみながら相撲を追っていきます。決して自分が追われないようにね。追われると力士に当たったりする。勝ち負けの鉄則は「負け」をみること。負けをみてから「勝ち」に軍配を上げる。これに尽きます。

井野　球審になると両チーム合わせて300～400球をコールします。なかにはストライクでもよかった球をボールといっちゃった、ということも起こりうる。こういうときに引きずったら、もうあとが……。すぐに「次の球、さぁ、いらっしゃい」と完全に切り替えることが大事。ゲーム中にはこんなことしかできません。

裁きにもっとも気を使ったという3代目若乃花（左から2人目）の土俵入り。右端が立行司の木村庄之助。（本人提供）

庄之助　（曙、貴乃花、3代目若乃花（※1）、武蔵丸の4横綱時代を裁き）一番気を使ったのは若乃花さん。あの人は土俵際で残る、とにかく粘る。腰を落として土俵伝いに回り込むのが上手でね。自然と集中しました。曙さんと貴乃花さんの投げの打ち合いは大きな木がゆっくり倒れていく感じで。土俵際までしぶとくという様子ではなく、むしろ合わせやすかったですよ。

井野　私は、むしろ先入観を持たないようにしていました。きた球を素直にみようと。（巨人時代の）上原（浩治）君（※2）なんて（制球力が）すごいけど、それを信用しちゃうとね。彼でも調子が悪いときがあるので。信じ込んじゃうと、イメージと全然変わってしまって判定がガタガタになる。でも、やっぱりコントロールのいい人が好きでした。（球が）バラバラにくる選手はバン、バン、ドーンときてもどうしてもボールにみえてしまう。目の錯覚でね。荒れた球は苦手でした。

庄之助　もちろん、先入観を持たないことは大事なことです。まだ若かった頃、行司差し違えをして帰るとき先輩からよくいわれましたよ。「忘れろ」とね。相撲は毎場所、毎場所あって、再びその力士の相撲を裁くことも多い。だから、変な思い込みを引きずってはいけない、という意味ですね。

井野　審判もそのときの一瞬はそういう見方しか

いの・おさむ　1954（昭和29）年4月24日生まれ。群馬県出身。前橋高から神奈川大を経て76年4月にセ・リーグ審判部へ入局。78年4月2日のヤクルト－広島（神宮）で右翼の審判として初出場。2004-09年にセ・リーグ審判部長、10-13年には初代NPB審判長を務め、今季は審判技術委員長兼野球規則委員。通算2902試合に出場した。日本シリーズに12度、球宴に6度出場。

していないこともあって、のちのち、あれはストライクだったかな、ボールといえばよかったかな、ということはしょっちゅうあります。

きむら・しょうのすけ　本名・桜井春芳。1936（昭和11）年3月26日生まれ。高知・香南市出身。9歳で大相撲の二所ノ関部屋へ入門。初土俵は昭和20年11月場所。昭和55年初場所で幕内格。平成6年夏場所に28代式守伊之助に。7年初場所に最高位の木村庄之助を襲名。庄之助在位期間38場所は、行司定年制施行後では2位の記録。

庄之助　相撲では少ないけど、文句をいうヤツもいたなぁ。十両で裁いていた頃、ある関取が引き揚げてきた通路で「なんでオレに軍配を上げないんだ」といってきた。「お前のほうが（出るのが）早い」といってやったら「ああ、そうか」って。あっさりね。

井野　基本的に捨てぜりふを残して離れていく選手は追いません。逆に「ラビット・イヤー」（うさぎの耳＝聞き耳を立てる）になってはいけないのです。でも、（判定に不服で審判へ）突っかかってきて、少しでも（審判の体に）タッチしたら許されませんよ、今の時代は。

ボーライク!?

庄之助　（判定が微妙で）軍配を真ん中に上げたいときもありましたよ。（テクニックでは勝者を入れ替える）まわし団扇《うちわ》なんていうのもあるけど。

おかげさまで（庄之助昇進後6年間）行司差し違えは1度もありませんでした。

井野　それはすごい。私も「ボー！（ル）」といいながら、（瞬時に）ストライクと思い直して「ボーライク！」なんていって、ごまかしたこともありましたっけ。

庄之助　そういう機転も必要です。あるとき、三役格の行司が力士と一緒に土俵下へ落下してしまった。力士は（土俵へ）戻って東西に分かれて勝ち名乗りを待っている。ところが、行司さんは下に落ちたまま。控えにいた私は慣例で、すぐに土俵へ上がって勝ち名乗りをあげました。なかなかないことでテレビにも映らない。

1999年の日本シリーズでも、球審として的確にジャッジした井野。（本人提供）

井野　責任審判を務めた巨人戦でした。ある選手の3点本塁打の判定を変えたことがあります。塁審が際どいファウルの打球にグルグル手を回してしまった。「本当に見えていたのか、違うよ」と。（当時の）長嶋（茂雄）監督から「井野君は余計なことをして」とメチャクチャ怒られましたけどね。

庄之助　見ている人は、見ているものです。そういえば、こんなはがきをもらったことがありますよ。私が最後に発する行司の触れを聞いていた人から「ちょっとおかしいと思います。こうしたらいい」とね。慌ててビデオを見直してみると、なるほど、このことをいっているのだと思いました。また、あるときは新しい草履をはいて土俵に上がったとき、鼻緒の先が反り返っていて格好のいいものではない、と指摘されましてね。それからは、しっかり折ってからはいたものです。

井野 そういえば、行司さんののど、声はよく通ります。なにか特別に鍛えたりなさるのですか。

庄之助 いやいや。お客さんがたくさんいますから。(歓声などに)負けないようにね。これは体調管理と経験です。

井野 われわれはやりました。2月に選手と同じように1カ月ほどキャンプへ行った際、必ず一度は声をつぶすんです。かつて、阪神が安芸(高知県)でキャンプを張っていたとき、先輩から「声を出せ!」といわれて、沖の船に向かって大声を出したものです。漁師さんを振り向かせるために。でも、何百メートルも離れているので、無理なんですよ。ところが、たまたまこっちを見たりする。それで「向いた、向いた」と大騒ぎ。本当にたまたまなんですけどね。

行司と審判の修業時代

庄之助 行司は相撲をみるな、といわれます。足を目で追っていますから(パフォーマンスは)どうしても型どおりになってしまいます。

井野 審判は新人から3年間は基本通りの動作しか許されません。それを過ぎると、春先に審判部長らに「今年、自分はこんなジェスチャーをやりたい」と申し出て目の前でそれをみせる。そこで、お墨付きが出れば試合でやれるんです。

庄之助 大相撲は1日でも早く(相撲界へ)入った人が先輩になります。年齢には関係なく。いまは中学を卒業(義務教育終了)しないと入れませんが、私の場合は9歳で入った。いいとか、悪いとかではなく、やるしかないと思いましたよ。で

も、1回（故郷の高知県へ）逃げて帰ったことがある。親に会いたい。友達に会いたい。ちょうど1年くらいたって、郷里に戻った。列車を乗り継いでやっとこさ駅の入り口にいくと、私を（行司にしようと）部屋に紹介したおじさんがそこに立っていた。駅のすぐそばに神社があってそこでさんざん説教されて……。結局、両親にも友達にも会えず（東京へ）帰ってきました。

井野　すみません。私は3回辞めたいと思ったことがあります。1回は本当に田舎へ帰りましたよ。（審判として野球界に入ったとき）自分のすぐ上は8歳違った。その上は16歳も違う。全く話が合わなくて、こりゃ、駄目だなと。ミスばっかりしていたので、文句ばかりいわれてね。若いとき、私ほど間違った審判はいないんじゃないかな。「アウトの井野」といわれていまして、ファーム（2軍）ではクロスプレーはみんなアウトです。1軍に上がっても1回、辞めたいと思ったことがあります。かつて球審専任制度っていうものができてしまって。自分たち若い人（審判）がミスしたわけではなく、中堅の人が多くトラブルを起こして、（若い）彼らにはできない、させない、となった。そして若い審判が全員（球審を）できなくなってしまって。そんな理不尽な、そんなことなら辞めてやる、ってなりまして。でも、いざ辞めようと思ったら、

働くところがどこにもなくて。

庄之助　野球もリプレー検証が導入されているんですよね。相撲では、（土俵上で）審判団とビデオ室と協議している情報はそれを聞いている審判から行司さんにも流してくれます。ＶＴＲでは足が早く出ているといわれると、もうしようがない。観念しちゃう。

井野　私は（審判を）黒子だと思ってはいませんでした。「絵」に一筆入れることができるならば、その一筆で立派な絵にできるか、感動する絵になるのか、それをできるのが審判だと思うから。選手が好プレーをして、その判定を何気ない動作でしたらそのプレーは生きない。それを生かすも殺すも審判のジェスチャーだと思う。

庄之助　私は花道に立ったら、もう無心だったなぁ。ただ、うまく立ち合わせたい、と常に思っていました。行司が一番喜ぶ相撲があるんですけど、なんだかわかりますか。

井野　一瞬で終わってしまう相撲ですか。

材質は鉄刀木《たがやさん》

対談の席に庄之助は手元に残る数少ない軍配を持参。現在では珍しい材質となった「鉄刀木」で作製されたものだ。150キロを超す大型力士が土俵下に落下して、軍配の上に乗ってしまうと割れることもあるという。この銘木の硬いさまが漢字で「鉄の刀」とあてられているそうだ。井野は伝統文化に感心しながら、ちょっぴり残念そうな表情も。審判の用具はプロ野球機構からの配給とあって「間違っても私の唾がついたマスクをほしがる後輩はいない」と苦笑いを浮かべた。

庄之助　そう、はたき込み。お客さんが一番喜ばない相撲です。立ち合い逃げてね。行司は楽ではっきり勝負あった、となるからです。

忘れられないスターたち

庄之助　忘れられない力士といえば、二所ノ関部屋に所属して4つ年下の（元横綱）大鵬さん。三段目の相撲で1度だけ裁いたことがある。（昭和30年）北海道の訓子府《くんねっぷ》駅に（15歳の）彼を迎えにいったのが私。同じ部屋で成長していく姿をみていましたから。年中一緒にいて、強くなっていくさまを間近で見ていたし、相撲部屋はひとり人気力士が出ると、いろんな人や報道陣がやってきて出入りするようになる。そして関取衆が出てくると部屋全体がにぎわう。二所ノ関部屋には（相撲解説でも有名な）神風さん、（のちの人気プロレスラー）力道山らがいてかわいがってもらったけど、（大鵬には）いろんなことを教えてもらった、本当に大横綱ですよ。

井野　自分の時代ではやっぱり松井秀喜さん。大スターになっても威張らない。だれにでも頭が低い。（人気が出ると）だいたいはそっくり返る。打撃投手、用具係、スポーツメーカーさん、われわれにはいろんな立場のひとから悪い評判も耳に入るけど、彼だけはあいさつを含めてだれとでも普通に接してくれる。みなさんから「松井さんはすごい」とよく聞きましたよ。そんな選手、なかなかいません。

庄之助　そうなんですか。相撲の場合、幕下まで上がってきた力士をみれば、その先の将来性がある程度分かりますね。コイツは強くなるっていうのが……。でも、それが途中で辞めてしまうこともある。けがもあるしね。

井野　われわれもファームでみているとだいたい分かります。逆に、のちのちになってあの子はそ

うだったとかね。投手ならばやっぱり速い球を投げる子が（印象に）残ります。

庄之助　野球では空振りの判定を塁審に確認しますよね。見ていても審判のみなさんは大変だと思います。一球、一球ね。

井野　現役のときは、なんだこんな商売と思ったことはあります。でも、現役を退いたらいい仕事だと思いますよ。現役のときはそれに気がつかなかった。でも、その年代のスター選手、その時代の一流選手を間近にみられて贅沢だったと思います。これはお金ではないですよ。引退して初めて分かったことですけど……。

庄之助　そうですね。自己満足ですけど、私も名を残せてよかったと思います。大一番では座布団が舞うことがあるでしょ。あれ、当たると痛い。だからとにかく逃げた。見た目より座布団って大きいんですよ。でも、結びを裁いて、弓取り式が終わって、行司部屋へ戻って着替えて会場を出るときに、太鼓が鳴っているんです。跳ね太鼓ですね。あの音を聞くとホッとする。ああ、きょうも一日終わったと。相撲に入って子供の頃から聞いていた音。あれがいいんですよ。

井野　実は、現役のときは優勝を決めたときの胴上げシーンをその場でみたことがないんです。お客さんがドッと出てきて帰り道が混雑するから、一刻も早く球場を去ろうと。ゲーム終了を宣言したら、早く審判室へ戻って着替えることばかり考えていたなぁ。

※１　**3代目若乃花（さんだいめ・わかのはな）**　身長１メートル80、体重１３０キロ台で、大型化した現代相撲では最軽量に近い横綱だった。天性の勝負勘と多彩な技を誇り、強靭《きょうじん》な足腰を生かして土俵際で抜群の強さを発揮した。その分、足腰への負担は大きく、横綱昇進後は故障に悩まされ、在位11場所に終わった。愛称は「お兄ちゃん」で、弟は第65代横綱貴乃花。

※２　**上原浩治（うえはら・こうじ）**　巨人には１９９９年から10年在籍して、通算１１２勝62敗33セーブ、防御率３・01。通算１５４９回で与四球数２０６、与四球率１・20と抜群の制球力を誇った。米大リーグでは今季までレッドソックスでプレー。２０１７年にカブスへ移籍。

MEMO

勝負師の人生をも左右しかねない一番、一球を裁いてきた庄之助さんと井野氏。柔らかな物腰のなかで、貫いてきたものを語るとき、まっすぐに向けられた視線は少しも揺れることはなかった。

ときには往年の人気力士、名選手の迫力に負けない気概を持って対峙《たいじ》し、常に平静さを保ちながら信頼と人望を勝ち得ていく職業。東方か西方か。アウトがセーフか。生身の人が下す裁定には悩みと葛藤、そして含蓄があった。（奥村）

いつかは聞いてみたいと思っていた顔合わせが実現した。ご協力いただいた2人に改めて感謝したい。

１度も差し違えをしなかった木村さんでさえ「軍配を真ん中に上げたいときもあった」、井野さんは「ボーライク！」とごまかしたことも。思わず出た本音に、人間味と裁く者の難しさを感じた。機械によるジャッジが検討されている競技もあるようだが、人が交わるからこそ醸される味わいを大事にしたい。（芳賀）

SPECIAL 2

賛否両論オーナー

笠原将弘×デーブ大久保

プロ野球楽天前監督

料理と野球の共通点
ポジティブにひねくれろ！

プロ野球楽天前監督の大久保博元と〝予約の取れない〟超人気和食店「賛否両論」（東京・渋谷区）の笠原将弘が対面。いまや居酒屋のオーナーとして自らも腕をふるう大久保と料理界の革命児の熱くて、おいしくて、ちょっとためになるプロの神髄とは……。

取材・構成＝菅沼克至、芳賀宏　写真＝加藤圭祐

監督の次は居酒屋のおやじ。デーブ大久保の人生は波瀾万丈。

賛否両論な2人

大久保　最初に聞きたいと思っていたんですけど、店名の「賛否両論」はどこから？　大好きな言葉なんですよ。

笠原　日本料理ではつけない名前にしようと。（お客さんは）強制して店に連れてきたわけじゃないし、嫌なら来なくて結構。でも好きでたまらない、という人が来てくれたら。

大久保　僕も店（居酒屋・肉蔵でーぶ）を出して9カ月になりました。いるんですよ、うるさい客が。

おおくぼ・ひろもと　1967（昭和42）年2月1日生まれ。茨城・大洗町出身。水戸商高から85年にドラフト1位で西武入団、92年にトレードで巨人に移籍した。95年に引退するまで303試合に出場、打率.249、41本塁打、100打点。2008年に西武打撃コーチ、12年に楽天打撃コーチ、13年に同2軍監督、15年に楽天監督を務めた。1メートル81、97キロ。右投げ右打ち。16年3月に「肉蔵でーぶ」（東京都港区新橋3の3の7　信友ビル1階☎03・3502・2245）を開店。

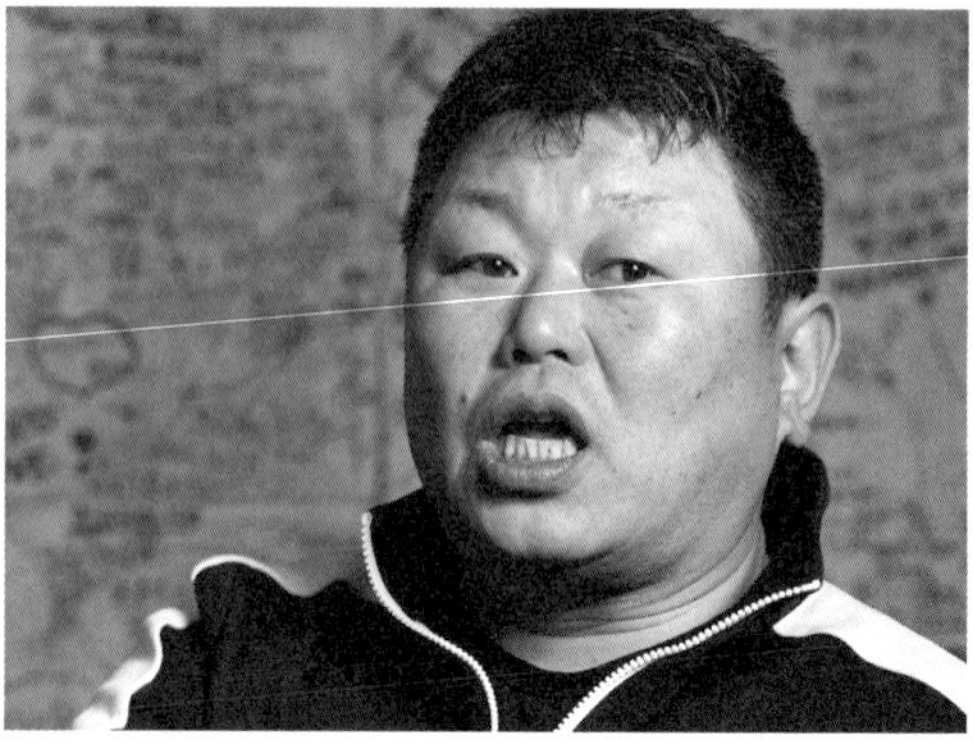

かさはら・まさひろ　1972（昭和47）年9月3日生まれ。東京都出身。18歳で日本料理店に入り、9年間修業。実家の焼き鳥店を継いだが、父親が亡くなり店の30周年を機に一度閉店した。2004年、和食店「賛否両論」（東京都渋谷区恵比寿2の14の4　☎03・3440・5572）を開店。“予約の取れない”人気店となり、13年には名古屋に「賛否両論名古屋」、14年に「賛否両論メンズ館」（渋谷区東4の9の10　(電)03・6805・1197）をオープン。テレビ出演のほか著作は50冊以上。

「帰れ！」って言っちゃう。うちに来て文句言うなら〝来るんじゃねぇよ〟って。間違ってます？

笠原　いいと思います。いろんな店があるなかの個性ですから。

大久保　ネットに書かれて円形脱毛症になった知り合いもいる。サイトの評価なんかどうでもいいのに。

笠原　ＳＮＳとかネットは見ることもしませんね。頼んでないのに点数つけられたりして。ミシュラン（の星）を取るために好まれそうなワインを入れたのに潰れた店もある。本末転倒。いい仕事をして評価されるべきでしょう。

大久保　聞けばコースで６５００円からとか。「〝いいものを安く〟って、そんなわけねぇだろ」と突っ込んでやろうと思っていたんですが。

笠原　コースにすると食材のロスが出ない、その分いい材料を強気で使える。料理人が接客するから人件費も抑えられる、（ＪＲ恵比寿）駅から10分以上歩くから家賃も安い。18席で毎日満席になると予約が取れない店となって、勝手に宣伝になる。

大久保　それはすごい。あり得ないですよね。1人8万円の店も知っていますけど、近くのスーパーで仕入れているの見ちゃって……。

笠原　修業したのは懐石料理の店で1人1万５０００円くらい。同世代はおいそれといけない。僕は和食のユニクロみたいになりたい。うちは酒飲んでも1人1万円でおつりがきますから。

大久保　僕は2010年に（西武を）解雇されて……。野球界も芸能界も悪ければ呼ばれない。そのとき料理をやろうと思って、最初はラーメン店でした。笠原さんが料理人を目指したのは？

笠原　中学、高校生の頃ちょうどバブルで、居酒屋をやっていた父親にもいろいろ誘いがあったんです。腕があれば仕事が来る、これなら世界で戦えそうだなって。当時サッカーならW杯は毎回予選敗退、米大リーグにも日本選手はいない。そんな時期に日本のパティシエが日の丸をつけてフランスで戦っている。これは格好いい、料理なら日本代表になれるんじゃないかと。

「普通においしい」が大切

大久保　それにしても和食は大変だというイメージ。僕は料理は素人じゃなく〝ド素人〟って言っているんです。でも毎日包丁を持って、仕込みもやりたい。

笠原　仕込みは好きですね。お客さんの見えないところで手間かけるの。若いうちは特にそう。野球選手も試合にたくさん出た方がうまくなるじゃないですか。

大久保　野球も基本が大事で、負けるのは投内連係とかフォーメーションを怠ったチーム。料理と一緒ですね。

笠原　道具も大事です。若い子には「一番安くていいから包丁を買え」って言います。

大久保　プロ野球選手で自分のバットを持たない選手は絶対にいない。自分のを使わないと悔いが残りますよ。

笠原　地方のホテルとかで急に料理をすることがあるんですが、借りた包丁を使ったりするときに限って指を切ったりする。微妙に何かが違うというか。

大久保　料理って難しいなと思う

けど、この間も〝焼明太子〟を出したらお客さんに「普通だな」って言われて。でも俺は普通の味で飲んでもらいたいと思って。

笠原　普通においしいって大切で

料理の基本のキ

笠原「和食には“黄金比率”というものがあります。しょうゆとみりんが「1：1」。“同割”といいますが、これが基本の味です。そこに入れるダシの量を増やすことで、使いやすいものになります」

【しょうゆ1：みりん1：ダシ3〜4】親子丼、カツ丼など卵とじにしたらおいしい

【1：1：ダシ5〜6】一煮立ちさせて冷ませば、そばつゆ、天つゆに

【1：1：ダシ10】ゆでた野菜をつけておけば「おひたし」に

【1：1：ダシ12】揚げ出し豆腐やあんかけにピッタリ

【1：1：ダシ18】飲めるおつゆ。温かいそばのつゆなどに

【1：1：ダシ20】かなりあっさり、薄味のおでんに

ダシの基本は水1ℓに昆布10g、かつお節30g。

笠原「ぜいたくですが味は最高。かつお節はその後、二番ダシとしてみそ汁などにも使えます」

す。いつの頃からか、食べて〝これヤバイ！〟みたいなリアクションをする人が多くなった。本当においしいものって、いつの間にか食べ終わっているものでしょ。

大久保　本当においしいものって少ないですよ。中毒になっているラーメンとかあるけど。

笠原　野球も10割打者はいないし、3割台で首位打者ですもんね。

大久保　ところでヤクルトファンと聞いたんですけど。

笠原　東京出身なので普通なら巨人なんでしょうけど、ひねくれているというか。

大久保　俺に似てる。キャラクター出てますね。以前、TUBEの前田（亘輝）さんに聞いた言葉で「プロは、練習はどう思われるかより、どう思うか。試合はどう見られるかより、どう見せるか」だって。

笠原　いい言葉ですね。僕ももっと料理がうまくなりたいと思っていて、ただ営業中は「俺すごくうまいよ」って顔でやりますから。

大久保　僕らは名前が知られていて、店を出してもお客さんは来てくれる。料理人がお客さんを集めるのは大変でしょ。

笠原　テレビにも出ますけど宣伝が半分。「チャラチャラしてる」

なんて言われることもありますが、僕らは厳しく教わった最後の世代

2015年には楽天で監督も務めた。すべての経験が今に生きている。

なんです。実は怖い、堅いというイメージで和食の料理人になる人が減っているんですが、和食をソフトに、人気商売にしたい思いがあるんです。和食界の広告塔でいいんです。

大久保　いいですね。僕は西武で解雇されたけど、2015年には楽天で1軍監督もやらせてもらった。すごい差ですよ。でも「難」はすべて「運」に変わる。一番いいところ、悪いところが分かる。お店でもそこを生かせていけるかなと思って頑張りますよ。

MEMO

大久保氏はプロ野球・楽天の監督を退任すると、料理好きが高じて居酒屋（東京・新橋の「肉蔵でーぶ」）を経営。自ら包丁を握り、自慢の一品を客に出す。プロ野球の監督から転身した異色の自称「居酒屋のおやじ」を、ぜひとも一流の料理人と会わせたいという思いが、きっかけだった。

白羽の矢を立てたのが、予約が取れない日本料理店として人気の東京・渋谷区「賛否両論」店主の笠原氏。2人には、意外な共通点があった。幼くして父親を亡くし母親の女手一つで育った大久保氏に対し、笠原氏も高校時代に母親が死去。ともに「母の手料理」には特別な思いがある。さらに笠原氏の料理人としてのスタートは父親が経営していた焼き鳥店。文字通り「庶民の味」が原点だ。笠原氏が無類のプロ野球（特にヤクルト）好きであることも、2人を近くさせた。

「賛否両論」で行った対談。大久保氏は笠原氏の華麗な包丁さばきを食い入るように見つめ、話の中でヒントがあると思えばメモを取る。そんな「居酒屋のおやじ」の姿が印象的だった。

（菅沼）

江本孟紀×せんだみつお

団塊の風雲児

――波乱万丈のケミストリー

折茂武彦×大野均

鉄人のボディ&ソウル

――ベテランでも若くても辛いのは同じ

白井健三×勝みなみ

若き天才アスリートが挑む、それぞれの東京五輪

――異次元を超えていけ

ON

CHAPTER 4

GENERAT

受け継がれる遺伝子

野球評論家

江本孟紀×せんだみつお

タレント

団塊の風雲児
波乱万丈のケミストリー

野球評論家の江本孟紀と、「ナハ！　ナハ！」のギャグでおなじみのタレント・せんだみつお。球界、テレビ界で一世を風靡《ふうび》した2人の話題は、長嶋茂雄巨人軍終身名誉監督、日本ハム・大谷翔平投手からピコ太郎まで多岐にわたりました。アブナイ話も飛び出した、縁ある東京・浅草での“古希対談”を心してお読みください。

取材・構成＝芳賀宏　写真＝吉澤良太

出会いと黄金時代

江本　出会いは古いよね。俺が野球をやめて2、3年目だから三十数年前、NHKの昼の番組を2人でやったんだ。

せんだ　そこで同学年と分かって。生放送をよく任せましたね。

江本　面白い女性プロデューサーで、何を考えていたんだろうね。作家の奥さんをゲストに呼ぶ番組だった。

せんだ　それからですよ、いろいろおつきあいさせてもらって。江本さんが選挙に出たときも、街中で会って急に車に乗り込んだこともありましたね。

江本　昨年、本拠（事務所）を浅草に移したんだけど、街中でもよく会うんだよね。

せんだ　僕も下町に住むようになって江本さんと行く店が一緒だったり、すれ違って「元気？」と声を掛けたり。

江本　せんちゃんは交友関係が広いけど、いつも笑っちゃうのが長嶋茂雄さんの話。

せんだ　お世話になっています。言えない話ばかりだけど神様ですよ。

江本　長嶋さんの面白い語録を真に受けて批判する人がいるけど、神様なんだから凡人に理解できるわけねーだろってね。

せんだ　浅草、長嶋さん……。つながりが結構あるんですよ。

江本　2人とも、吉永小百合さんと共演しているんだよ。俺は映画『細雪』で夫役。

せんだ　僕はNHKの『新夢千代日記』。憧れの人だよね。

江本　芸能界入りのきっかけは？

せんだ　アナウンサーを目指していたんだけど、学生時代から遊んでいたビリー・バンバン（※1）

の兄弟にくっついてボーヤ（付き人）をやっていたの。やがて、ニッポン放送のプロデューサーから「千のうち3つしか本当のこと言わないから〝せんだみつお〟」と名前をつけてもらって。
江本　その後はテレビで売れまくった。
せんだ　『ぎんざNOW！』（※2）、『うわさのチャンネル!!』（※3）と破竹の勢い。それが第1次黄金期。1972年から79年で終わるんだけど……。
江本　時期が重なるね。俺も試合に出始めたのは72年で、辞めたのは81年だから。
せんだ　後から出てきたタモリさんやビートたけしさんが乗り越えていって。僕は芸能界の〝跳び箱タレント〟って呼ばれてんの。

えもと・たけのり　1947（昭和22）年7月22日生まれ。高知県出身。高知商高、法大、熊谷組を経て71年にドラフト外で東映入団。72年に南海へ移籍し、プロ初勝利を含む16勝をマーク。76年に阪神へ移籍し、79年まで8年連続で2桁勝利を挙げた。通算成績は395試合に登板し、113勝126敗19S、防御率3.52。引退後は野球評論家のほか、政治家、俳優、実業家など幅広く活動。右投げ右打ち。

江本　俺も大学4年のときはユニホームもらえずに、フィリピンバンドの運転手していたんだよ。朝5時まで働いていたな。
せんだ　えっ、すんなりプロに入ったわけじゃないんだ。
江本　デパートのうどん店でアルバイトしたこともあるよ。体がでかいのに、ピチピチのかっぽう着姿でね。とにかくメシを食わせてくれたから。苦労なんて思ったこともない。

せんだ　でも女にはモテたでしょ。僕なんか、ふられて当たり前だった。最近の若者はふられて相手を殺しちゃったり、ストーカーになったり。そこから文学が生まれたりしたものだけどね、昔は。

江本　俺、あまりふられたことないんだよ。なぜかというと、ふられたときの屈辱がいやで自分から「つきあって」と言わなかったから。

プロ2年目で南海に移籍。野村監督との出会いが投手・江本を開花させた。

せんだ　いろいろ経てきたんだね。

江本　プロ入りもドラフト外の落ちこぼれ。１０番目の最後だし。

団塊の世代とグレーゾーンの美学

せんだ　僕は人生は「運と縁とタイミング」だと思ってるの。ところで、日本ハムの大谷翔平選手は「投打、どちらかにしなくちゃ」というけど、二刀流を認めてもいいんじゃないの？

江本　素質は全員が認めている。ただ、プロ野球は規定投球回、打席に立たないと成績表に出ない。1年間のトータルだから「どうなの」と意見してあげるのも、われわれの仕事。

せんだ　批判したら非国民扱い。

江本　大谷はみんなのアイドルだから、意見でも「批判した」って悪い奴の枠に入れられる。怖いよ。

せんだ　今の日本は一方に偏って、人と違うこと

を言うと変わり者にされちゃう。

江本　われわれは昭和22年生まれだけど、プロ野球界も大矢（明彦）、平松（政次）、矢沢（健一）とか同期がたくさんいてね。普段はつきあいもないけど、テレビで一緒になったりすると何か通じるものがあるんだよ。

せんだ　堺屋太一（※4）さんが〝団塊の世代〟っていい言葉をつくってくれたね。まさに塊だもの。62人のクラスが11もあったんですから。

江本　高知の田舎でも中学は16クラスあったからね。どこもそのくらいあった。

せんだ　戦争が終わったあとでね。団塊の世代は800万人いるそうですよ。オフクロには〝お前の死ぬ頃にはお墓もないよ、混んじゃって。学校も就職もないよ。そんなふしだらな生活していたら芸能界しか行くところないよ〟なんて言われてさ。それが始まり。芸能界って世間から見たらグレーなイメージですよ。

江本　最近は、グレーな部分を排除する風潮があるよね。

エモやんのお気に入り

今回の対談が行われたのは、エモやんお気に入りの洋食店「グリルグランド」。2016年、浅草に拠点となる事務所を移したのは「20年以上前から通っている街で、何よりメシがうまい。ぶらりと入れる店も多くて落ち着く土地なんだよね」というのが理由だった。17年で評論家生活37年目。こちらは「言いたいことは、ガンガン言い続けるよ」と落ち着くどころか怪気炎。サンケイスポーツ連載を始めとした"エモやん節"に今後も注目だ。

せんだ　いかがわしいから面白いのに。由利徹（※5）さんの「オシャマンベ」、たけしさんの「コマネチ」とかね。最近はテレビで下ネタ、できないんですよ。

江本　昔は吉本の若い芸人さんが、球場にやじを勉強に来ていた。南海は野村克也監督が4番で捕手。すると「監督、キャッチャー代えたれえ」なんて。俺たちはクスクス。ノムさんはむっとしてる。

せんだ　すごいね、やじのプロだ。

江本　大阪も芸人さんは楽屋でも俺たちを笑わそうとしていたよ。吉本の舞台の袖で見ていると「きょうはアホな野球選手きてまっせ」なんて。今のお笑いは、ひな壇で政治の話をしている。ばかになりきれていない。

せんだ　昔、あるベテラン芸人さんは、愛人とホテルから出るところをワイドショーに撮られたけど「××××やってましたよ」って放送禁止用語を連呼して放送できなくしちゃった。

江本　いかがわしくて、面白い人がたくさんいたね。

せんだ　かつては森繁久弥（※6）さんの『社長シリーズ』とか、グレードの高いお笑いをみせてもらっていたよね。

江本　伴淳三郎（※7）さんとか、花菱アチャコ（※8）の漫才とか面白かったな。みんな子供が笑っていた。

人気番組を抱え一時代を築いたせんだ。今は渋い役どころの俳優としても活躍中だ。

せんだ　そう、今のお笑いは子供が笑わないよね。

江本　お笑いも野球も、子供を喜ばせるのが原点な気がするな。

駄目でもともと、出たとこ勝負

せんだ　ただ、最近のピコ太郎さんだけはすごいなと。踊りと怪しい英語で世界にも注目されちゃった。

江本　あれを見たときにトニー谷（※9）のまねかと思ったね。眼鏡とひげ、インチキくさい英語。

せんだ　あっ、確かに。

江本　俺も南海に入って野村さんに出会ったけど、せんちゃんも長嶋さんを始め人間関係はついているね。

せんだ　２０００年の不祥事でレギュラーもゼロ。この世からオサラバしようと思ったとき、京都・宇治にある龍神さんの辻本公俊先生からの「死んだら苦しみも味わえないよ」というひと言で楽になりました。

江本　われわれ世代は乗り越える力があってめげない！

せんだ　２０１６年の11月には厚労省のエイズのイベントに呼んでもらったんですよ。タイトルが『せんだは忘れてもエイズ忘れるな』だって！　そこでＧＬＡＹのＴＥＲＵさんから〝ファンです、「ナハ！　ナハ！」やってください〟なんて言われたり。うれしかったね。

江本 お互い7月には古希。体が気になる年代にもなったね。

せんだ 一昨年、体重を73キロから61・9キロに落としたら体が軽いの。リバウンドに気をつけているけど、トレーナーが「人気がリバウンドするといいですね」だって。なるほど、うまい！

江本 最近はハーレー・ダビッドソンに乗っているけど、330キロもあるから体力がないと駄目だね。

せんだ オートバイに乗る人は尊敬しちゃうな。すごいチャレンジ精神だよね。健康じゃないとね。最近は地下鉄で移動するから、よく歩くでしょ。おかげで元気になりましたよ。

江本 いつまでやれるか分からないけど、俺は「駄目でもともと」「ちょっとつまみ食い」がモットーだから。

せんだ 僕は樺太（サハリン）生まれなんだけど、翌年に引きあげてきちゃったから、生まれた場所を見たことがない。パスポートなしで行けるよう

せんだ・みつお 本名・中野光雄。1947（昭和22）年7月29日生まれ。サハリン出身。子役を経て、ビリー・バンバンのメンバー兼司会、ニッポン放送でリポーターなどを務め、70年代には「ぎんざNOW!」「金曜10時！ うわさのチャンネル!!」など数多くのレギュラー番組で人気者に。その後も司会業、テレビドラマへの出演などで活躍している。「ナハ！ナハ!」など人気のギャグも多数。長男・せんだ雄太は俳優、長女・せんだるかはタレント、パチンコライター。

になればと思っているんですよ。

江本　同期で大パーティーでもやろうよ。バンド入れて。

せんだ　歴史が好きなんだけど、高杉晋作は辞世の句で「おもしろき　こともなき世の中を　おもしろく　すみなすものは　心なりけり」ってのがあるの。世の中面白くないから、自分でおもしろくするしかないんじゃないかと。

江本　まだまだ、若い連中には負けたくない。もうひと花咲かせないとと思うよね。

せんだ　僕は死んだら「しんだみつお」だけど……あっ、これネタね。あとは「出たとこ勝負」で、まだまだ頑張りましょう。

※1　**ビリー・バンバン**　菅原孝、進による兄弟デュオ。ヒット曲は『白いブランコ』など

※2　**ぎんざNOW！**　1972年からTBS系で放送された素人参加型情報バラエティー番組。せんだが司会。小堺一機、関根勤らがブレークした

※3　**金曜10時！　うわさのチャンネル!!**　1973年から日本テレビ系で放送されたバラエティー番組。タモリ、和田アキ子、ザ・デストロイヤーらが出演

※4　**堺屋太一（さかいや・たいち）**　通産省を退官後の1976年に発表した「団塊の世代」で注目された。大河ドラマの原作、テレビの司会などのほか、98年には民間人閣僚として経済企画庁長官に就任した。

※5　**由利徹（ゆり・とおる）**　昭和を代表するコメディアン、喜劇俳優。「オシャマンベ」「チンチロリンのカックン」などが流行

※6　**森繁久弥（もりしげ・ひさや）**　元NHKアナウンサーからコメディアン、俳優に転身。舞台『屋根の上のバイオリン弾き』、映画『社長シリーズ』など出演作多数。

※7　**伴淳三郎（ばん・じゅんざぶろう）**　昭和初期からコメディアンとして活躍。映画のセリフの「アジャパー」は流行語になった。森繁らと映画『駅前シリーズ』などに多く共演した。

※8　**花菱（はなびし）アチャコ**　戦前から漫才師となり、横山エンタツとコンビを組んだエンタツ・アチャコの「しゃべくり漫才」で人気を得た。

※9　**トニー谷（たに）**　ボードビリアン（舞台芸人）。リズムに乗り、そろばんを楽器のようにかき鳴らすスタイルが有名。英単語を交ぜたしゃべりは「トニングリッシュ」と称された

MEMO

意外な顔合わせとなったが、2人の波瀾《はらん》万丈な人生は伝わっただろうか。

団塊の世代は本当にパワフル。800万人もの同級生の中で勝ち抜かなければ、生き残っていけないという意識が強かったからか、それがバイタリティにつながっているのかもしれない。

取材当日、せんださんは自ら大きなちょうネクタイを用意してきて、得意の「ナハ！ ナハ！」のポーズを決めてくれる。会話の途中にポンポンとギャグを交えてくるから、場が和んで会話が弾む。何より人柄がにじむから、それが対談に勢いを生む。自虐的なことも含めてネタにするが、『ぎんざNOW！』を見て育った世代なら記憶から消えたことはない。

江本さんとは野球を通じ日頃から仕事をさせていただいているから、知見と会話の面白さは十分に知っているつもり。それでも、異業種同世代との対談は化学反応を起こし、われわれの知らなかった江本さんが顔を出す。

2人の話の引き出しの豊富さには驚くばかりだった。対談は大爆笑の連続で、ここで公にできない（下ネタ含む）のが残念だが、それを伝えきれない自分の筆力の未熟さを痛感。まだ団塊世代に勝てそうもない。（芳賀）

レバンガ北海道

折茂武彦×大野均

ラグビー日本代表／東芝

鉄人のボディ&ソウル

ベテランでも若くても辛いのは同じ

ラグビー日本代表で歴代最多の98キャップを持つ大野均と、
プロバスケットボール・Bリーグ北海道で選手兼社長を務める折茂武彦が登場。
年齢を感じさせない活躍で鉄人と呼ばれる2人が、現役生活を長く続ける極意
などを語り合った。ベテランならではの含蓄のある掛け合いをどうぞ!!

取材・構成＝吉田宏、鈴木智紘　写真＝山田俊介

俺、まだいけるじゃん！

大野 46歳（対談当時）でプレーを続けられるのは、すごいですね。

折茂 まず、一番はけがをしないことでしょう。けがを回避するためには、練習で100%集中してやること。僕は、まったく自主練習をやらない。そのときの（チーム）練習がすべてだと考えている。（得意な）シューティングもやらないんですよ。

大野 若いときからそうなんですか。東芝は厳しい練習が伝統です。不安になりませんか？

折茂 まったく不安にならないです。平気でシーズンオフの3カ月間とか、何もしないで休みます。トヨタ自動車（現アルバルク東京）時代の米国人コーチ（ジャック・シャロー）の影響が大きい。彼に「長いシーズンでプレーを続けてきたから、オフはボールを触るな。いずれ触りたくなるから、そのときに触ればいい」と言われて……。彼はボールに触るなと言ったけど、練習しては駄目とは言っていなかったんですが（休んでいる）。

大野 ラグビーは2015年のW杯（イングランド大会）で3勝という、日本にとっては歴史的な結果を残しましたが、それはエディー・ジョーンズ・ヘッドコーチ（当時）の厳しい練習があったから。キツい練習には慣れています。

折茂 僕も一時は日本代表を離れていて、そろそろ現役引退も考えていた頃もあった。でも、36歳のときに日本代表のジェリコ・パブリセヴィッチ監督（当時）に呼ばれた。エディーさんもすごく厳しかったと聞いているが、同じように厳しい指導者だった。でも、その厳しい練習を経験して（所属）チームに戻ったら、すごく楽に感じて「俺は、まだいけるじゃん」と……。

大野 通じるものがありますね。自分もW杯のとき37歳だったけど、「若い選手と一緒にできるんだ」と、自信になった。毎回の練習で、それこそ死にそうだった。でも、辛いのは若い選手も一緒なんですよね。若い選手でも辛いんだから、37歳の選手もそういう気持ちで当たり前だと割り切ってやっていた。

折茂　憂鬱ですよね。朝、起きると本当に。きょうも朝から練習だと思うと。それで、練習が終わった後の解放感がすごい。解き放たれた感覚がすごくよくて。でも、パブリセヴィッチ監督はうまかった。僕に練習を全部やらせた上で、「ベテランの折茂が練習をこなせているのに、なぜ君たちができないんだ」と、若手にプレッシャーをかけていた。

大野　（ベテランは）利用されますね。でも、若手もベテランも力を伸ばしている。ラグビーの日本代表も同じ。ところで、折茂さんは２０１６年、国内リーグで通算９０００得点を達成したんですよね。すごい記録です。

折茂　現役でいる限り通過点ですけど、点を取ることが自分の得意な部分だったし、プレースタイルでもあるので達成できました。

大野　（２０１７年４月の時点で日本初の代表通算１００キャップにあと２と迫る）自分も、現役

偉業へ意欲

2016年シーズン、38歳の大野はチームとともに、苦しいシーズンを経験した。所属の東芝は6勝9敗と負け越し、過去ワーストのトップリーグ9位に沈んだ。大野も16年9月に右足を痛めて日本代表から外れ、通算100キャップも持ち越しになったが、2016年シーズンに続きスーパーラグビーの日本チーム「サンウルブズ」にも参加。闘争心は旺盛だ。

初の代表100キャップへと迫る大野。39歳で迎える東芝での17年目も挑戦の1年になる。

おおの・ひとし　1978（昭和53）年5月6日生まれ。福島県郡山市出身。小4から野球をはじめ、日大工学部1年からラグビーに転向して、東芝（現東芝ブレイブルーパス）入り。2017年で17シーズン目。2004年の韓国戦で日本代表デビュー。W杯には、07、11、15年と3大会連続で出場。通算98キャップ（2017年4月現在）。ポジションはロック(LO)。1メートル92、105キロ。

である以上は通過点。まわりの人が１００キャップを期待している声はあるので、そういう人たちに喜んでもらうためには達成したい。

折茂　大野さんも、40歳代まで現役でいけると思う。でも、40歳を過ぎると、ちょっと（加齢の影響が）出てくるかもしれない。36、37歳までは結構、いけてしまうけど、40歳になると頭と体が一致しなくなって「あれ？」っていうのがある。頭では分かっているけど、体が反応しなくて、（プレーにおける）タイミングが遅れることがある。

大野　折茂さんは、その感覚を分かった上でプレーしているんですね。40歳になって、まだ自分が現役だったら、参考にさせてもらいます。

選手であり社長でもある

大野　折茂さんはクラブの社長という仕事もしている。自分の感覚では信じられない。

おりも・たけひこ　1970（昭和45）年5月14日生まれ。埼玉県出身。埼玉栄高－日大。93年にトヨタ自動車（現アルバルク東京）に入団。2007年に新設されたレラカムイ北海道に移籍。11年にレバンガ北海道を創設し、選手兼社長となった。06年世界選手権日本代表。ポジションはシューティングガード（SG）。1メートル90、77キロ。

折茂　むちゃくちゃ大変。（社長になるまでは）バスケットボールしかしてこなかったから。経営なんて当然やったことはない。（当初は）右も左も分からなかった。本当にまわりのスタッフに助けられています。

大野　僕は一選手として、プレーだけに集中できますが、折茂さんは、練習もしっかりやるんですよね。優遇されることは？

折茂　若手と同じメニューで、同じ量の練習をします。でも、試合は（社長業を）忘れられる時間だからまだいい。練習だと、「あすは給料日だけど、（支払いを）どうしようか」と悩んでいます。

大野　東芝のバスケット（川崎ブレイブサンダース）の試合は、時間のあるときに応援にいっています。ラグビーに比べると、常に走っている印象で、辛くないですか。

折茂　球技はすべての競技をできる自信はある。でも僕はラグビーだけはできない。高校の体育でもラグビーがあった。押しつぶされたところに、わんさか選手が寄ってくるじゃないですか。タックルも顔から（相手の）膝元に入る。怖くありませんか？

大野　試合中は怖いとは思わないです。低く入る方が、タックルされる側は嫌なんですよ。ところで、社長としては、お客さんを集めるのがまず優先ですか。

折茂　そうです。スポンサーのお金と、興行収入でクラブを運営していかないといけないので。ラグビーは、2015年W杯で人気が上向きになりましたよね。

大野　でも、16年シーズンになって、少し熱が冷めたかなと感じてます。トップリーグでも、お客さんが減ったと思う。19年にW杯が日本で開催されます。（15年W杯の）流れを続けるためには代表が勝たないといけないのかな、と痛感しています。

折茂　（どの競技でも）やはり日本代表が勝たないと盛り上がらない。代表が活躍しないと、その競技はメジャーにならない。お金も大事ですが、やっぱり夢です。子供たちが憧れるものが必要なんですよ。

得点の秘訣

リーグ最年長46歳（当時）の折茂は2016年11月、旧ナショナルリーグ（NBL）などを含めた国内トップリーグで日本選手初の9000得点を達成。3点シュートを得意とする。2016-17シーズンは全60試合に出場。「足が速いわけでも、高く跳べるわけでもない。どう生きていくか考えてシュートを磨いてきた。苦手なプレーは一切コートでやらない」と、得点を積み重ねられる理由を明かした。

美しいフォームから放つシュートを代名詞とする折茂。リーグ最年長でも得点力は健在だ。

MEMO

ラグビー、バスケットボールの〝レジェンド〟といわれる2選手の対談。進行役を務めた対談収録中も、2人の競技への深い思い入れ、体験談に引き込まれ、感心させられた。共通したのは、ラグビー、バスケットボールを、いかに日本国内で、よりメジャーな競技にできるかという強い思いだった。長い現役生活の秘訣には、ともに日本代表時代に、厳しく選手にハードワークを求める名監督の存在があったことも共通していた。

（吉田）


トップ選手は、振る舞いもプレー同様に一流と知った。対談が実現したのは2016年末。両選手ともにシーズンの真っ最中だった。特に折茂選手は、試合を翌日に控えた午後9時からの取材にも、最後まで好意的に臨んでくれた。丸太のように太い大野選手の二の腕に触れ、どうしたら屈強な体になれるのかとトレーニング法に興味津々。学びの姿勢が印象に残った。〝鉄人談義〟はとどまらず、取材が終わったのは深夜だった。

（鈴木）

体操競技選手

白井健三×勝みなみ

アマチュアゴルファー

若き天才アスリートが挑む、それぞれの東京五輪

異次元を超えていけ

リオデジャネイロ五輪体操男子団体総合金メダリストの白井健三（日体大）と、日本女子ゴルフツアーで15歳293日の史上最年少優勝記録を持つ勝みなみ（鹿児島高卒）の対談は、白井がリオ五輪の“秘話”を勝に打ち明けるところからスタート。2020年東京五輪への率直な思いや、若き天才アスリートが描く人生のテーマなど、高校時代から大人の常識を打ち破ってきた２人のぶっちゃけトークがさく裂した。

取材・構成＝石井文敏、鈴木智紘　写真＝長尾みなみ

リオ五輪こぼれ話

白井　普段の試合ではまったく緊張しないけれど、リオ五輪団体決勝のときは、ここ10年間で一番、緊張しました。自分の演技にみんなの（金メダルへの）思いが詰まりすぎて……。自分だけではないと思った瞬間に、ものすごく緊張しましたね。

勝　リオ五輪での体操競技、テレビで観戦していました。演技、すごかったです!!

白井　競技を終えた後、ゴルフを観戦しました。ゴルフの選手は元気だなという印象があります。試合中、おにぎりとか、何かを食べていますよね。

勝　ゴルフの1ラウンドは、約4時間30分から約5時間かかります。1打1打に緊張するうちに、自分が集中しているのかどうかも分からないこともあります。だから、何も考えずに打っていることが多いかもしれません。それだけエネルギーを使うから、（ラウンドの）途中でおにぎりなどを食べます。リオ五輪中の食事はどうしていたのですか？

白井　選手村の食事が口にあわなかったときは、日本スポーツ振興センター（JSC）が現地に設置してくれた支援施設の「ハイパフォーマンスサポート・センター（HPSC）」を利用できました。〝本物〟のみそ汁があって、安心しました。勝さんは緊張への対策はありますか？

勝　緊張していたら、緊張したまま（の状態で）プレーします。その緊張感が好きです。攻めることが私の身上なので。ときには、歌を歌って切り替えることもあります。例えば、『（時代劇の）暴れん坊将軍のテーマ』、『（プロ野球、阪神の）

体操をメジャーに
白井は、2016年12月に日本体操界初のプロ選手に転向した内村航平が、体操教室を開くことなどにより競技の普及に努めている姿に同調する。「（プロは）航平さんの実績があってこその選択肢。選手が街で声をかけられるような競技にしたい。航平さんの手伝いをしていきたい」。不動のエースと協力し、体操ニッポンをさらにメジャーにする。

六甲おろし』、『（サザンオールスターズの）勝手にシンドバッド』、『（童謡の）北風小僧の寒太郎』、『（童謡の）アイスクリームの歌』……。変わった曲が多いですね（笑）。ボギーを打ったら、すぐに切り替えた者勝ちですね。

白井　僕の場合、会場の音や光を楽しみたい。リオ五輪では予選、決勝ともに（地元の）ブラジルと同じ組でした。歓声が（会場に）響きすぎて、建物が倒れるんじゃないかと。お客さんの声が自分たちの立っている演技台に響いてくるほどで、置いてあるコップが揺れる感じでした。初めての感覚で、これが五輪かと思いました。

勝　リオ五輪でゴルフ競技が、112年ぶりに復活しました。ゴルフ界にとっても、価値ある大会になったと思います。

白井　試合前に「いけるかも!?」と思ったことはありますか。

勝　あります、あります！　朝、起きたときから違います。パット練習でラインを読むときに、黒いラインが見えると調子がいい。あそこに打っていけばいいのかと思って打つと、本当に入るんです。

白井　僕の場合は、跳馬やあん馬の器具が、力をもっているように見えます。走る前に跳馬の器具を見ると、「今日、跳ばせてくれる」って。リオ五輪ではなかったですね（笑）。勝さんも体操をやっていたと聞きましたが。

若手こそ攻めろ

勝　母（久美さん）の大学の後輩が体操教室をやっていました。それで、6歳まで体操を習っていて……。

（アニメの）『セーラームーン』（※1）が好きでした。セーラームーンになりたくて、学校の体育館で側転をやっていました。おかげで、体の軸はしっかりしています。軸のぶれないスイングができているかなと思います。

白井　重量挙げの八木かなえ選手、（ロシアの女子棒高跳び世界記録保持者のエレーナ・）イシンバエワ選手らは体操から転身したそうです。体操をしていたことで、体の使い方を理解できるのかもしれませんね!!

勝　これまでにゴルフをしたことはありますか？

白井　2016年1月、沖縄への家族旅行中に、初めて挑戦しました。難しかったですね。体操は道具を扱わないので、基本的に道具を使うスポーツは苦手です。自分で自分を扱っているので、道具を扱えないんです。バドミントンやテニスは、

しらい・けんぞう　1996（平成8）年8月24日生まれ。横浜市出身。両親が指導者で、3歳で競技を始める。世界選手権は17歳だった2013年に初出場。床運動で日本体操史上最年少優勝、跳馬4位。15年の世界選手権は床運動で金メダル獲得のほか、37年ぶりの団体優勝に貢献した。16年リオデジャネイロ五輪は団体総合で金、跳馬で銅メダルを獲得。岸根高―日体大。1メートル63、54キロ。

ラケットに打たされている。（内村）航平さんも一緒ですね。でも、30分くらいで（ボールに）当たるようになって、まっすぐに飛びました!!

勝　当たるのがすごいですね!?　私はいま、左打ちを練習していますが、当たらない。30分で当たるようになったのはすごい!!

白井　いまからゴルファーへの転身はあり得ない（笑）。大学での座学は好きですが、体育など実技のほうが嫌い。サッカーなどの人間対人間のスポーツは苦手です。ボールの奪い合いとか、遠慮してしまいます。

勝　私と真逆ですね。体育の授業はガツガツいくけど、座って授業を聞いているのが苦手です。授業中に横を向いたり、隣の席の友達としゃべって、いたずら書きをすることもあります（笑）。

白井　ハハハ、面白いですね。お互いに（普段の試合では）年上の選手と戦うことが多いですよね。やりにくさを感じますか？

勝　自分がベストを尽くせばいいかなと思っているので、やりにくさはないですね。上のレベルに

かつ・みなみ　1998（平成10）年7月1日生まれ。鹿児島市出身。6歳でゴルフを始める。2014年4月に鹿児島高に入学し、同月の「KKT杯バンテリンレディス」でツアー史上最年少（15歳293日）優勝。15年6月の「日本女子アマ」優勝。レギュラーツアー通算出場試合数はアマチュア最多の57試合（88年ツアー制度施行後、16年12月現在）。得意クラブは1Wで、平均飛距離は250ヤード。1メートル57、56キロ。

路上で神隠し

勝は2016年秋、友人2人と鹿児島市の天文館公園で、“路上ライブ”を敢行した。100円ショップで購入したカスタネット、リコーダーなどを使ってスタジオジブリ作品の長編アニメ『千と千尋の神隠し』の主題歌『いつも何度でも』を演奏した。「10人ほどのお客さんが見てくれました」とスマートフォンにある秘蔵写真を披露。2017年3月1日に鹿児島高の卒業式を迎えた勝は「残りの高校生活を楽しみたい!!」と人生のテーマに掲げる「爆笑」を追いかけた。

いくために、自分がいま一番伸ばさないといけないのは、メンタル面です。ゴルフはメンタルスポーツでもあるので。技術は（プロの選手と）あまり差がないと感じることができました。あとは気持ちだけです。

白井　体操は難しいことをやったからといって、勝つわけではありません。戦略は経験が多くあった方が絶対に立てやすいので、（若手の）僕は挑んでいくしかない。経験がないので、守っていても仕方がないんです。

勝　私もそう思います。自分の納得のいくパフォーマンスができればいいです。

白井　実際に自分が10代で金メダルを取れました。大人を相手にやりにくさは感じますが、攻め続けた結果です。高校生や大学生だからといって、大人と戦えないという常識はないと思います。僕は今も攻め続けています。

東京五輪決定！

白井　（2013年9月に）東京での五輪開催が決まったときは、世界選手権に向けて、ナショナ

2014年9月、長野・軽井沢72ゴルフ東コースで行われた「世界アマチュアチーム選手権」に出場した勝みなみ。日の丸を背負って、戦った。

ルトレーニングセンターで合宿中でした。ピンとこなかったです……。自分が五輪に出られるとは思ってもいなかったですね。リオ（五輪）に出る前から東京（五輪）、東京と言われていたので、まずはリオだろうと思っていました。リオに出てみないと分からないことがある。リオがあるのに、東京に対して聞かれるのがすごくつらかった。

勝　私は、競技としてゴルフが入ることも知らなかったです。五輪は、他の競技の選手が出て自分はテレビで見るものでした。中学3年の国体のとき、新聞記者の方が話してくれて初めて知りました。

白井　五輪は国民性によって雰囲気が変わる大会だと思います。ブラジルではサンバを踊っている人がいました。日本人はおとなしくなりがちだと感じます。マナーを守る国民性なので、静かに見守ってしまいそう。盛り上がることに慣れる必要がありますね。

勝　ゴルフの場合、私が（14年8月の日本ジュニアで）優勝したコース（埼玉・霞ヶ関カンツリー倶楽部）が舞台になります。出たい気持ちが強いです!!

白井　リオ五輪のゴルフでは、ロープの外に

白井はリオ五輪での試技を終えて万感の表情を浮かべた。体操ニッポンを金メダルに導いた。

“りねひ”王子!?

白井はリオ五輪の跳馬の決勝で決めた「伸身ユルチェンコ3回半ひねり」（シライ2）など、自身の名前がつく技を6つ国際体操連盟から認定されている。“ひねり王子”は「1年前から逆ひねりを遊び感覚でやっている。視界や体の締まりが変わるのが怖いけど、その怖さが面白い。（恐怖のあまり）躊躇するくらいの技がほしい」と異次元の感覚を明かした。

出た球を（観客が）手で取ってしまうハプニングが起きるなど、お客さんがゴルフに慣れていなかった感じがしました。東京五輪までにルールを広めておかないと。勝負を左右する場面で、もしお客さんが邪魔をしてしまったら……。競技が成り立たなくなりますからね。

勝　私は（14年9月の）世界アマチュアチーム選手権（長野・軽井沢72ゴルフ東コース）が日本で開催されて出場しました。団体戦は個人戦とは違うプレッシャーがあり、勉強になりました。五輪もこんな感じなのかな、と思います。

白井　体操の場合は、団結力がありました。厳しい代表争いを勝ち抜いて残った5人なので、失敗に対する不安はなかったし、ずっと（金メダルが）取れる気でいました。自分たちが取って当たり前だと思いました。

勝　すごいです!!

4年後のビジョンは考えない

白井　（1964年の）東京五輪は、体操ニッポンの最強時代。（60年のローマ大会から76年のモントリオール大会まで）5連覇しています。（東京五輪で）強い日本を再現したい。強さを取り戻せたらなと思います。勝さんの目標は何ですか？

勝　私の人生のテーマは「爆笑」です。ゴルフを始めた頃はプロゴルファーになりたいと思っていました。途中からお金持ちになりたい、と思い始めました。お金持ちになったら「爆笑」できる（笑）。

白井　お金を稼ぐことも（プロの）魅力のひとつかもしれませんね。1億円プレーヤーになったら、おごってもらおうかな。

勝　いや、いや、いや（笑）。

白井　僕は人生のテーマはないけれど、失敗をしてもいいから挑戦することを意識しています。

勝　母（久美さん）は「笑い」をテーマにしていました。普段の試合でも、（キャディーを務める）母がいるおかげで、気持ちを切り替えられることがあります。「大丈夫」「次！次！」と言ってくれて……。うれしいし、頑張ろうと思えます。母を超えてやろうという意味でも、人生のテーマを母の「笑い」よりも上の「爆笑」にしました。

白井　大学生になって、家族のありがたみを感じました。高校生のときは、体操クラブの社長だったお父さん（勝晃さん）と毎日、けんかでした。お父さんに反抗

サンスポ電撃訪問

白井と勝は対談前に、東京・千代田区大手町のサンケイスポーツ編集局を訪れた。勝は「ここで新聞が作られているんですね」と言いながら、記者から次々と記事が入稿されるパソコンをのぞき込んだ。「阪神の原稿はまだないんですね」と、虎ファンの一面も。白井もフロアを歩き回り、自身が取り上げられる機会の多い新聞制作の“裏側”に興味津々だった。

していたぶん、大学に進学してから「人の意見を聞くことは大事」と学ぶことができました。

勝　自分が反抗した相手は、ゴルフを始めるきっかけになった祖父（シングルの腕前の市来龍作さん）です。私が練習をしようと思っているのに「練習せんといかんぞ」と言ってくる!!　怒ると怖いから何も言えない。

白井　難しい技をけっこう練習で苦労してやってきたのに（父が取材で）「練習開始の1日目の1本目でできた」と言って、隣で聞いていて（心の中で）「いや、いや、3カ月かかったし」と思うことがありましたね。勝さんは4年後のビジョンはありますか？　僕はないんです。いま4年後のビジョンを作ってしまうと、4年後に合わせた進化になってしまうと思うから。1年ごとに目標を作っていけば、いま考えている東京五輪での理想の自分より上にいけると思う。

勝　私もいま、東京五輪のことは意識していません。一日一日、変化して成長していかないといけない時期だから。来年はプロテスト、QT（最終予選会）を受けて、ステップをあがることが大事。アマチュアとしてレギュラーツアー2勝目を挙げて、プロに転向したい。

白井　僕も勝さんと同じで、4年後は考えていませんね。「来年はこうなっていたい」と思う方が、4年後を考えるより伸びしろは大きいと思います。

※1　**美少女戦士セーラームーン**　武内直子作。中学2年の少女、月野うさぎは、言葉をしゃべる黒猫ルナと出会う。「ムーンプリズムパワー・メイクアップ！」と叫ぶと、愛と正義の「美少女戦士セーラームーン」に変身。妖魔を倒して、街の平和を守っていく。1990年代の少女漫画を代表する作品。同時期にアニメ化され、大ヒットした。側転や前転などができることがキャラクターの特徴。

MEMO

対談前に、勝選手は東京・千代田区大手町のサンケイスポーツ編集局を訪れた。人生初めて、新聞制作の舞台裏に〝潜入〟した勝は、競馬面の出馬表（馬注）に興味津々。担当記者に「◎、△はどういう意味ですか？」と質問。20分間以上に及ぶレクチャーを受けて、大満足の様子だった。今春、鹿児島高を卒業した18歳のため、馬券（20歳から）は購入できないが「今後、時間があったら（テレビで）見てみます」。ゴルフに限らず、何事にも興味を持つ姿はさすがだった。　（石井）

抜群の気遣いができる白井選手に脱帽した。対談は東京・千代田区の産経新聞本社で行われた。リオ五輪のメダリストに女子ゴルフ界の人気選手の来社とあって、社長が2人にあいさつ。担当記者としてはアテンドに精いっぱいだったが、長期遠征帰りで疲れがあるはずの白井選手は笑顔を絶やさず社内をめぐっていた。2時間の取材を終え、「鈴木さんが一番疲れましたよね。僕は分かってます」と白井選手。20歳の優しさが胸に染みた。　（鈴木）

SPECIAL 3

五輪競泳女子メダリスト

星奈津美 × 川上麻衣子

女優

にゃんにゃん秘話

猫は敏感……反応を見ると地震の大きさが分かる

愛猫家の2人が登場。競泳女子200メートルバタフライで五輪2大会連続の銅メダルに輝き、2016年10月に引退した星奈津美（ミズノ・アシスタントコーチ）と、女優の川上麻衣子が猫トークに花を咲かせました。星によるリオデジャネイロ五輪での〝愛猫秘話〟や、愛好歴30年を超える川上の思い入れを、たっぷりとどうぞ!!

取材・構成＝吉松祐、角かずみ　写真＝戸加里真司

猫はツンデレ？

星　猫を好きになって猫のグッズとか、猫柄のものに、すぐに反応するようになってしまいました。

川上　犬好きと猫好きの大きな違いって、犬好きはまず自分の犬がかわいいじゃないですか。でも、猫好きはすべての猫が好きになるんですよ。野良（猫）だろうがなんだろうが。

星　それはすごく思います。猫柄というだけで、かわいくて買っちゃう。どっぷりとはまってます。

川上　もともと、猫は好きでしたか？

星　ずっと犬を飼っていたので、どちらかというと犬派でした。4年ほど前から、主人（8歳年上の会社員）の実家で猫ちゃん（『ちび』11歳、メス）と触れ合っているうちに。

川上　彼の猫でしょう。嫉妬されませんでしたか？　猫って嫉妬するんですよ。

星　そう言いますよね。だっこも嫌がって。ツンデレみたいな。そのなかでもさらにツンデレ。でも、慣れてきてから主人の実家にいくと、玄関まで迎えてくれるようになって……。

合宿ない正月満喫

2016年10月に引退した星は現在、ミズノスイムチームのアシスタントコーチ。広報活動や水泳教室で忙しい毎日を送っている。それでも、年末年始は実家などで過ごし「ものごころがついてから合宿ばかりだったので、初めてお正月らしいお正月でした」と、のんびりできたようだ。

川上　女の子（メス）はツンデレなのかな。いままで、のべ6匹（オス3、メス3）と暮らしてきましたが、男の子（オス）はバランスよく甘えてくれるんですよ。でも、女の子はどうでもいいときは「フン」（という感じ）で。

星　ツンデレなんですけど、やられるんですよね。海外にいっている間も、テレビ電話をしたときは「絶対、映して」って頼んで、必ず顔を見るようにしていました。

川上　現役選手の間は気が張っていますよね。猫の写真で試合の前に癒やされることはありますか。

星　主に宿舎で寝る前とかに。リオ五輪のときは、普段世話をしている主人の母も現地まで来てくれたので、信頼できる方に面倒を見てもらっていました。（銅メダルを獲得した）レースのときにはテレビを見ていてくれて。その方から「応援してくれているよ」って、ＬＩＮＥ（無料通信アプリ）で私が映っているテレビの画面に向かっている（愛猫の）写真が送られてきました。後から見てうれしくて。

やっぱり猫が好き

川上　すごく貴重な写真ですね。

星は2016年リオデジャネイロ五輪の女子200メートル・バタフライで銅メダルを獲得。12年ロンドン五輪に続く2大会連続のメダルは、1936年ベルリン五輪の前畑秀子、2008年北京五輪の中村礼子に続き、競泳日本女子では史上3人目の快挙だった（上）。リオ五輪で銅メダルを獲得した星のテレビインタビューを見つめる愛猫の「ちび」ちゃん（本人提供、下）

私も最初は犬を飼おうとしていました。一人暮らしを始めた18歳のときに。室内犬のシーズー（種）を飼うつもりで、新宿の伊勢丹へ。ところがシーズーは、ほえる。自宅は狭いマンションだったので。あきらめました。

星　私も飼っていた犬はシーズーでした。

川上　そんなときにヒマラヤン（種）の猫がいて、ぐっと目が合って、衝動買い。そこから猫派ですね。でも、10年ほどたって、犬（シェルティー種、オス）も飼いました。すごくかわいくて、愛情たっぷりにくるので、離れられなくなる。でも、べったり自分にくるのは、ちょっと辛い。猫は距離感があって。その辺がちょうどいい気がします。

星　言い方は難しいけど、猫の方が、楽かも。犬は散歩させないといけないから、誰が連れていくとかの話になって重い気がしちゃう。

川上　猫は1泊とか2泊とかの不在でも大丈夫。ご飯をどーんとあげていればいいですから。

星　最初は道路とかにいる猫に、にらまれている感じがして。犬は尻尾を振ってくるので（受け入れ

かわかみ・まいこ　1966（昭和41）年2月5日生まれ。スウェーデン・ストックホルム出身。14歳のとき、NHKドラマ人間模様『絆』で女優デビューし、TBS系『3年B組金八先生』（80〜81年、第2シリーズ）の生徒役で注目を集める。以降は映画、テレビドラマ、舞台などで活躍。2005年からガラスデザイナーとしても作品を発表。15年に猫にまつわるエッセー『彼の彼女と私の538日』（竹書房）を出版。

られているのが）分かりますけど、猫には、ひっかかれそうな感じがして、怖くて。

川上　犬はかわいい、格好いいというの（イメージ）がありますよね。「化け猫」と言っても、「化け犬」とは言わない。「化け猫」の怖さで、昔話にでてきそう。そんな不思議なところはありますよね。

星　（五輪後に結婚した）主人の実家にいる猫ちゃんを（自分の）実家の犬と会わせたことがあります。体の小さな犬なんだけど、猫ちゃんがすごくびびって、尻尾が、ぶぉーって太くなって。初めて見て、びっくりしました。

川上　（猫は）びびったりすると、尻尾がふくれます。自分の体を大きく見せようとするから。うちは最近、地震に敏感に反応します。

ほし・なつみ　1990(平成2)年8月21日生まれ。埼玉県出身。埼玉・春日部共栄高―早大。2008年北京大会の競泳女子200メートルバタフライで五輪初出場（準決勝敗退）、12年ロンドン五輪と16年リオ五輪で銅メダル。15年世界選手権では競泳女子日本選手初の金メダルに輝いた。リオ五輪後の16年8月に8歳上の一般男性と結婚。同年10月に引退。現在はミズノスイムチームアシスタントコーチ。

猫を見て、ふっと動いたら、これはやばいな、大きいのがくるなと分かる。あっ揺れた、でも、猫を見て大丈夫かなとか（判断する）。敏感ですよね。たぶん分かるんじゃないかな。

星　私たちは新居に住み始めて、2カ月くらいなんですが、猫のいない感じが寂しい。主人もすごく飼いたいって言っているけど、2人とも家をあけることが多いので、（世話をできなくて）かわいそうというのもあって……。

川上　そうなら、2匹を一度に飼う方が楽かな。私は18歳のときから7年間で1匹。仕事が忙しいときだったから、ものすごく不安だった。溺愛しすぎて危険だなと思って、もう1匹飼ってみようと増やしたんです。でも、（新しい猫が来た）その日から2匹とも仲良しになって、それから仕事で（外へ）出ていても気にならなくなりました。

星　それはオスとメス、メス同士でもですか。

川上　仲が良かったのはヒマラヤンのオスとメス。後から入るのが、大人の猫よりも子猫がいいですね。飼いたいのであればペットショップではなく、里親捜しをしている猫（保護猫（※1））を選んでみては？　かわいそうになってきて選べないと思っても、必ず猫が（飼い主を）選んでくれます。縁があ

谷中のお店で麻衣子に会える!?

川上は2016年10月にスウェーデンの小物や家具などの輸入販売店「SWEDEN　GRACE（スウェーデン・グレイス）」（東京都台東区谷中2-5-15）をオープンさせた。女優業の合間にレジに立つこともある。17年からネットによる通信販売（http://swedengrace.com）も始めた。また愛猫家向きの情報を発信するウェブマガジン「にゃなか」（http://nyanaka.com）に「にゃなか市長」として参加、フォトエッセーを連載中。

れば、目で合図してくるなり、なんらかの合図がありますから。

星　猫ちゃんには、もうちょっと甘えてほしいな、膝の上にきてほしいなと思います。たまにあるんですが、その〝たまに〟がいいのが魅力ですね。

川上　2匹が毛繕いをしているのを見たら、たまらなく、幸せを感じたことがあります。ほら、（対談場所は東京都内の猫カフェ）見ているだけで、本当に幸せになるでしょ。

芸能界きっての猫好きとして知られる川上は「アクア」（左）、「ココロ」の2匹と暮らしている。

※1　**保護猫**　なんらかの事情で飼い主がおらず、居場所を失った猫。保護猫を扱う猫カフェなどでは里親を募集している。

MEMO

対談会場は東京・浅草の猫カフェ。猫が10匹ほどくつろいでいるスペースでの取材だった。川上さん、星さん、双方のマネジャーまでが、「かわいい〜」の大合唱。時間の制限があるなかで対談が始まらず、内心ヒヤヒヤしていた。ところが、いざ対談が始まると、川上さんの話には〝猫素人〟の当方も引き込まれた次第。ガラスデザイン、翻訳本やエッセーの執筆、輸入小物・輸入家具販売店経営などもこなすマルチな才能に、あらためて最敬礼です。（吉松）

猫カフェでの対談は実は恐怖でしかなかった。記者は猫アレルギーで、星さんの担当マネジャーも猫アレルギーだった。2人で「どうしよう……」と言いながら恐る恐る足を踏み入れたが、そこはまさに癒やしのパラダイスだった。

尻尾をユラユラさせながら眠るなど、猫たちの無邪気な姿に初対面の川上さんと星さんの会話も弾んだ。マスクは手放せなかったが、こんなことでもなければ絶対来なかった猫カフェでの取材は貴重な経験になった。（角）

Kiwami of the World

後編

元首相

小泉純一郎×YOSHIKI

X JAPAN

孤高のカリスマ、奇跡のケミストリー

極めた者だけがたどり着く世界がある

『Tears』に込められた思い

小泉　『Forever Love』ってヒットすると思った？

YOSHIKI　思いました！

小泉　では、『Tears』は？

YOSHIKI　『Tears』は、（1992年の）紅白歌合戦で雲仙普賢岳の噴火によって被害を受けた方々をみんなで盛り上げようと紅白の出場の歌手が全員で歌うという企画で作った曲なんです。紅白のプロデューサーの方から作曲の依頼を受けたんですね。まだX JAPANの初期の頃で、（手を頭上にあげながら）こんな立てた髪形をしていたときに作曲したんです。

小泉　そうか。長崎の噴火あったよね。

YOSHIKI　紅白では僕がパイプオルガ

ンを弾きました。そのときは違う曲名で『（副題に）大地を濡らして』という形だったのですが、HIDEが紅白が終わった後に曲を聴いて「あの曲、X JAPANでもやろうよ」って言って。それで歌詞を書き直してあの曲になったんです。ヒットというよりも皆さんで救うような気持ちでしたね。それで歌詞を書き直したときに自分の父親に対しての歌詞になったんです。ヒットはそこまで考えていなかったかもしれないです。

小泉　お父さんを早く亡くされてね。この悲しみから出てきたんだね。すごくロマンチックなバラードで好きなんだ。努力家だし、すごい能力の持ち主だよ。作詞も作曲も両方やるんだもんね。

YOSHIKI　何かパッケージというか、両方あって表現できるのかなって思います。

小泉　これからヨーロッパ、アメリカ、他の大陸にも行くんだよね。

YOSHIKI　行きます。アジア、南米も。最近はクラシックが好きなこともあって、ロシアもよく行きます。向こうのミュージシャンともいろいろ交流がありまして。

仰天提案

小泉　これだけ才能があるんだから、ミュージカルを作ったらどうか？　ねぇ、ミュージカルね。いい物語を今まで作ったヒットした曲でミュージカルにしたらどうか。曲は同じで歌詞を変えていけばいいんだ。絶対にヒットすると思うよ。

YOSHIKI　X JAPANの曲ってミュージカルになりますね！　ストーリーもあるので。

小泉　どういうストーリーを使うかだね。みんなクラシックのヴェルディにしてもワーグナーにしても名作で曲を変えるでしょ。『ロミオとジュリエット』はさ。名作でしょ。あれをいろんな作曲家がミュージカルにするでしょ。あらすじは同じだけど曲は全部違う。だから世界的に知られた物語。『ロミオとジュリエット』でなくてもいいから、これは欧米の人にも分かるっていう物語に今まで作曲した曲を入れてね。古いヒットした曲とこれから自分がいいと思うような曲をちりばめたミュージカル。2時間以内で終わる作品ね。

YOSHIKI　2時間以内ですね。

小泉　だってワーグナーみたいにさ。もう何時間も長すぎちゃうって思うんだよね。

YOSHIKI　そういえば前、（イタリア出身の作曲家、ヴェルディのオペラ）『リゴレット』を観に行ったときにお会いしましたよね。

小泉　どこかであったよね。そうだ。上野。（2013年9月に）東京文化会館だ。だから、今まで作曲したメロディーを中心にして歌詞だけ変えてね。ミュージカルをやるといいと思うな。

YOSHIKI　ぜひトライしてみたいです。

小泉　『WE ARE X』を見ると、愛と悲劇が重なるようなミュージカルがいいんじゃないかな。名作は悲劇が多いよ。愛を中心にね。X JAPANのね。ミュージカルって、こりゃヒットすると思うぞ！

YOSHIKI　ぜひやってみたいですね。

小泉　やってごらんよ。君ならできるよ。

YOSHIKI　その場合、言葉って何語にしたらいいですか？

小泉　英語はどう？　英語で日本語に訳す。今は字幕が出るんだよ。英語は世界的に見て分かりやすいから。

YOSHIKI　なるほど。英語ですね。

小泉　ぜひやってよ。ミュージカルは好きだから。

YOSHIKI　ぜひトライします！

小泉　時間はかかると思うけどさ。やりがいはあるよ。

YOSHIKI　やりがいはありますね。

小泉　ミュージカルだと、私は『オペラ座の怪人』が大好きなんだ。ロンドンでね。（音楽はイギリスの作曲家の）アンドリュー・ロイド・ウェバーがやっていて。『オペラ座の怪人』はいろんな人がやっているけれど、あれは最高だな。

YOSHIKI　そうですね。僕も一度観ました。すごくいいですね。

小泉　いいだろ？　『美女と野獣』もいいね。

YOSHIKI　天才が作曲してますよね。

小泉　オペラよりミュージカルがいいと思う。分かりやすいから。それを期待しているよ。

YOSHIKI　楽しみです。ミュージカルができたあかつきには観に来ていただけたら。

小泉　そうそう、歌手によって全部違っちゃうからね。どんな名作でも歌手によって、いい悪いがあるからさ。

YOSHIKI　（小泉さんに）監修していただいて。いろいろごらんになられてますから。

小泉　見たり聴いたりはいろいろしているからね。歌手を選ぶのが大変だよ。結構いい歌手が多いでしょ。ミュージカルはオペラほど音程が激しくなくても大丈夫だから。歌いやすいメロディーを使えばいいよ。

YOSHIKI　そう！　この前、能を観に行ったんですよ。

小泉　そうか。能はね。1、2回くらいしか行ってないんだよ。

YOSHIKI　スローテンポにビックリしました。

小泉　お面はかぶっていた？　中にはかぶっていないのもあるんだよな。

YOSHIKI　そうなんですか。かぶっていましたね。ずっとゆっくり動いていて、わぁ、すごいなって思いました。

小泉　あれは退屈する人も多いんじゃないか。スローテンポすぎて、なかなか理解しにくいっていう人もいるんだよね。

YOSHIKI　ビックリしましたね。

小泉　でも、のめり込むとすごく面白いっていうんだよね。

YOSHIKI　友人に「能の音楽を何倍速かにするとX JAPANの曲になる。通じるものがあるので、ぜひ観に来てください」といわれたので観に行ったんです。

小泉　歌舞伎は能から派生したっていうからな。あそこから出たっていう話があるんだけどね。

YOSHIKI　そうなんですか。最初は能の世界観に衝撃を受けたというか。観ているうちにどんどん引き込まれていきましたね。X JAPANと対極のところにあるんじゃないかなって思いました。

ＸＪＡＰＡＮは本当にすごく速い楽曲もありますので、そんなことを思いながら観ていましたね。

健康3原則

小泉　本当に天才だよね。これだけみんな分かっているんだから。もうアドバイスする必要はないよ。熱狂的なファンがたくさんいるから。映画を観ただけで興奮するでしょ。あの熱狂。現場に行ったら大変だよね。涙を流している人がたくさんいるんだよ。気絶する人もいるんじゃないか。健康を気をつけてね。あれだけの体力を使うんだからね。日頃から健康だよ。健康3原則！　バランスのとれた食事、適度な運動、十分な休養！

YOSHIKI　食事、適度な運動、3つめが全然駄目ですね……。

小泉　休養ってバカにしちゃ駄目だよ。休養は大事。エネルギーがなくなってくるからね。

YOSHIKI　そうですよね。やはり休養ですよね。
小泉　あまり疲れたときに体を鍛えようと思って運動は激しくしない方がいいんだよ。疲れたときは休養して、そして運動すると元気になる。よくジョギングは雨でもやらなきゃいけないっていう人がいるけど、かえって衰弱してくるから。休養の大切さっていうのは、まだみんな分かっていないんじゃないかな。年を取ると分かるよ。休養が大事なのが分かったんだよ。
YOSHIKI　とってもお元気ですもんね。でも（休養）は総理時代にありえなかった？
小泉　うん。仕方ない。まだ若かったからね。でも今は少し休養しないとね。疲れが先に出ちゃうね。今も90分、ずっと立ちっぱなしで講演をしてるんだ。90分。座らない。立ったままね。
YOSHIKI　それもすごいですね。立ちっぱなしっていうのは。

小泉　最近ね。生で90分、講演をやるとね。終わってから足が少しおかしくなる。だから講演中にちょっと足踏みしているんだよ。運動で足踏み。歩いていないとね。

YOSHIKI　つま先で立つといいって聞いたことがあります。僕は飛行機移動が多いので、機内で歩くときにつま先で歩いているんです。

小泉　歩くことは大事だよ。体に気をつけてね。ありがとう。お疲れさま。またね。

YOSHIKI　はい。またぜひ。ありがとうございました。本当に面白かったです。

MEMO

ともに独特でソフトな語り口だが、説得力がある。ホテルの一室で音楽談義に興じる姿は本当に楽しそうで、緊張する記者の心配はよそに、どんどん話は進んでいった。

この夢対談は最初のオファーから半年かかって実現した。YOSHIKIはソロとX JAPANの活動を並行していた時期で小泉氏も精力的に講演活動を実施。それぞれ超多忙なだけに、他者との対談も考慮したが、実現することはなく、結局、スケジュールの調整が付いたのは本番2日前。まさに奇跡だった。

2人の共通点は多い。それぞれの世界で日本を背負い、万人がしたことのない希有な経験を積んでいる。「破滅に向かって突き進む」「自民党をぶっ壊す」など衝撃的なメッセージを打ち出し、群れに属さず自ら新たな道を切り開く。それだけに対談は互いが引き寄せ合って実現したのではないかと感じた。

対談の書籍化を当事者の1人として素直に喜びたい。2人が新たな化学反応を起こすのが楽しみでならない。次の共演が対談で飛び出したミュージカルであるなら、これ以上ない幸せである。

（納村）

おわりに

　あとがきでこんなことを書くのも、いささか申し訳ないとは思うが、本書に掲載した対談の周辺で、いくつものドラマが起きていた。私のところに現場からあがってきた報告……というか事件を紹介したい。

「いやぁ、野村（弘樹）さん、超積極的でした。対談もそうですけど、同じサウスポーの羽川プロに（ゴルフの）レッスンを受けまくっていましたから」「小柳ルミ子さん、すごいですよ。海外サッカーならウチの担当記者より詳しいかも……。すみません、笑いごとじゃありませんね」「大変です。頼んでもいないのに昔から川上麻衣子さんの大ファンだったという（弊紙の）Ｙデスクが現場に来て、対談後に食事をご一緒して〝もう、死んでもええわ！〟と絶叫していました」

　私からもひとつ、ご報告したい事件がある。真冬のある日、日本サッカー協会最高顧問・川淵三郎氏との対談を終えた倉本昌弘ＰＧＡ（日本プロゴルフ協会）会長は、成田ゴルフ倶楽部の玄関で見送りをするわれわれの前に、重いキャディーバッグをかついで現れた。手荷物を持とうとする記者を制した会長は、ちょっと照れくさそうにこう言った。「(見送りは)いいよ。きょう、かみさんが車を使っているから、レンタカーで来たんだ」。現場記者時代、ゴルフ担当を数年経験しているが、一流プロがレンタカーでゴルフ場にきて、自ら運転して帰る姿などみたことがなかった。

サンケイスポーツの紙面に掲載した大型連載のタイトルは「極(KIWAMI)対談」。スター同士が語り合うことによって、今まで世の中に出ていない話が浮き上がってくる。1+1は必ず「2以上」になる。そんなコンセプト通りの内容と自負している。レンタカーで対談場所にきた倉本会長ら登場者の皆さまの熱い思い、話を聞いた弊紙記者の成長につながるだろう経験や衝撃まで含めて、まさに「極」だった。

本書にかかわったすべての方々にこの場を借りて心よりお礼を申し上げたい。

サンケイスポーツ編集局長
樋山純

極《きわみ》
超一流《ちょういちりゅう》の世界《せかい》へようこそ！　18組《くみ》の対論《たいろん》

2017年9月1日　第1刷　発行

編者　サンケイスポーツ
発行者　千石雅仁
発行所　東京書籍株式会社
〒114-8524　東京都北区堀船2-17-1
03-5390-7500（編集）
03-5390-7531（営業）

印刷・製本　図書印刷株式会社
デザイン　勝浦悠介

Printed in Japan
ISBN978-4-487-81093-2　C0075

出版情報　https://www.tokyo-shoseki.co.jp

乱丁・落丁の場合はお取り替えいたします。

JASRAC 出 1708247-701